Bist du jetzt mein neuer Papa?

Gabriele Kuhn · Michael Hufnagl

Bist du jetzt mein neuer Papa?

Wenn Kinderfragen Eltern ins Schleudern bringen

molden verlag

Inhalt

Vorwort

Nach unserem ersten gemeinsamen Buch *Paarspalterei*, in dem wir uns über die vielen Tücken des Beziehungsalltags lustig gemacht und die Besonderheiten der Partner ironisch betrachtet hatten, wurden wir nach Lesungen und per Mail häufig gefragt:
„Liebt ihr einander eigentlich noch?"
Unsere Antwort folgte reflexartig: „Na klar!"
Aber um die Mühen darzustellen, die es neben der großen Zuneigung zueinander eben auch gibt, war natürlich Übertreibung und Zuspitzung ein, wie uns schien, notwendiges Stilmittel.
Und dennoch: Die Frage ist gar nicht schlecht. Lohnend, ernsthaft darüber nachzudenken. Wie verhält sich in einer Ehe das Prinzip Gewohnheit zu dem Gefühl der Leidenschaft? Erlebt die Routine nach vielen gemeinsamen Jahren nicht längst einen Triumphzug?
Da fiel uns ein, dass speziell unsere Kinder genau diese Frage auch schon gestellt haben – „habt ihr euch noch lieb?" Was nicht sehr verwunderlich ist in Anbetracht der wiederholten Wahrnehmung von steigenden Scheidungsraten vor allem im städtischen Raum.
So kam es zu der Idee für dieses Buch. Kinder fragen viel, Eltern antworten rasch, aber meistens ohne tiefer gehende Reflexion. Und genau die wollten wir wagen.

Wir haben nach Antworten gesucht, die über die lapidare Befriedigung kindlicher Neugier hinausgeht. Wir haben uns bemüht, unsere Liebe zueinander und die Liebe zu den Kindern so zu beschreiben, dass nun hoffentlich keine Missverständnisse aufkommen werden. Weder beim Leser noch bei unseren Kindern. Ein solcher Prozess ist mitunter eine ernste Angelegenheit, ja sicher. Aber in vielen Augenblicken auch ziemlich lustig. Leben halt.
Die Kinder wollen nur wissen: „Ist das jetzt mein neuer Papa?" Oder: „Lasst ihr euch jetzt auch scheiden?" Oder: „Habt ihr eigentlich noch Sex?" Und die Eltern können bei genauer Betrachtung dieser existenziellen Fragen ganz schön ins Schleudern kommen. Aber auf ganz unterschiedliche Weise. Deshalb antworten beide. Erst sie, die Mama, dann er, der Papa – so, wie wir es schon in *Paarspalterei* lustvoll praktiziert haben.
In diesem Sinn: Begleiten Sie uns auf unserem Familien-Ausflug ins Ich. Und vielleicht erkennen Sie sich ja wieder. Zwischen Angst und Zuversicht, zwischen Wut und Witz, zwischen Traurigkeit und Liebe – in der Achterbahn der Gefühle.

Gabriele Kuhn & Michael Hufnagl *Wien, im Januar 2011*

Habt ihr euch noch lieb?

Ich meine, es müsste einmal
ein sehr großer Schmerz über die
Menschen kommen, wenn sie erkennen,
dass sie sich nicht geliebt haben,
wie sie sich hätten lieben können.
(Christian Morgenstern)

Was für eine Frage! Man möchte in der Sekunde „ja natürlich!" einwenden – verstört, zumindest empört. Denn, Kinder! Klar, lieben wir uns, was denkt ihr denn? Doch komisch, da gesellt sich eine weitere Stimme aus dem Off dazu – die der Leser unseres letzten Buches nämlich. All jener also, die sich nach der Lektüre der *Paarspalterei* oder nach einer Lesung an uns gewandt hatten, um in unserem Gewissen und Herzen zu stochern: „Tschuldigung, aber liebt ihr euch eigentlich noch?" Es sei nämlich phasenweise ein bisschen schwer vorstellbar, so wie wir einander in unserem Büchlein verbal diskreditieren und, ja, auch attackieren würden. So viel geballter Sarkasmus, lustig zum Lesen, aber auch: ein wenig pfui bis befremdend. Wir lächelten an dieser Stelle stets extrem bemüht, nahmen uns an dieser Stelle extrem demonstrativ und unsere Liebe beteuernd an der Hand, formten extreme Kussmunde – darauf bedacht, das glückliche Paar zu geben, das wir im Grunde seit dreizehn Jahren auch sind.

Im Grunde.

Und sonst?

Und sonst.

Wir beide mit den Augen der Kinder gesehen: Zwei vom Leben etwas beige gewordene Erwachsene, die sich phasenweise als Mama und Papa aufspielen, aber im Großen und Ganzen immer so tun, als hätten sie die Anti-Aging-Creme in der Haschisch-Pfeife geraucht. Vor allem, weil sie nicht wie Mama und Papa wirken wollen, im herkömmlichen Sinn – nicht alt, nicht kariert, nicht betulich, nicht angepasst. Nur nicht so wie es das Elternbild bedingt. Also manövrieren sie sich um das ganz große, endgültige Erwachsensein herum. Ein Stück in den beiden möchte für immer und ewig im Gestern verweilen, irgendwo angesiedelt zwischen durchsoffenen Nächten, verschlafenen Sonntagen, Fahrten ins Blaue. Ein Stück der beiden möchte etwas festhalten, das sich Jugend nennt und in Zeiten des globalen Anti-Aging-Wahns als das einzig wahre, ultimative Credo gilt.

Wohl deshalb leben sie auch daheim eine demonstrativ und seltsam aufgesetzte Lässigkeit mit allem und in allem. Devise: ja nicht uncool, zeitgeistlos, allzu geläutert rüberkommen. Da schon lieber: *Smells like Teen spirit*. Laut und egoman. Und während der Hausherr zum Hämmern von *Nirvana* Fastfood in Form von extrem grausigen Eiernudeln pantscht, versucht die Mutter den Kindern den Musikgeschmack der 1970er und 80er zu erklären, mit Verve und einer Corona-Flasche in der Linken, einem Peace in der Rechten und auf den Lippen 199 total wahnsinnig unspannende Geschichten von damals. Die Tochter (10) lauscht – gerade noch – fasziniert. Der Sohn, 23, also längst sämtlichen anerzogenen Riten entwachsen, verlässt an diesen Stellen stets den Tatort – mit demonstrativem Gähnen und einem gelangweilten Na-net-scho-wieder.

Was in diesem heimeligen Ambiente, irgendwo zwischen Althippie-Bobo-Forever-young-Lifestyle und saubiederer Einöde angesiedelt, schon gar nicht fehlen darf, ist der adäquate Umgang von Vati und Mutti miteinander. Das muss irgendwie lässig kommen. Ein Sarkasmus jagt den anderen – zwei professionelle Wortspender aus Leidenschaft unterhalten vor allem sich. Da sitzt jeder Satz. Und da dürfen naturgemäß auch die verbalen Hackeln tief fliegen, um es salopp zu formulieren. Dürfen? Müssen. Also turteln wir auch nur dann herum, wenn gerade keiner da ist. Nur kein Mausiputzi, Häschen und Schnurzelmurzel coram publico. Wir leben unsere Liebe, im weitesten Sinn, im ehelichen Darkroom, abseits der Öffentlichkeit. Alles andere wäre möglicherweise peinlich. Denn kaum ermutigen wir uns zu einer

Knutscherei mitten im Wohnzimmer kommt: a.) der Hund, der mitknutschen möchte, b.) die Tochter, die sofort stopp schreit, weil sie ja eigentlich den Papa heiraten will oder c.) der Sohn, mit einem Blick irgendwo zwischen verächtlich und amüsiert.

Genauer besehen und ehrlich gesagt, ist in dieser Kulisse also gar kein Platz mehr für den Tausch von Herzensangelegenheiten und Leidenschaften von einst. Statt Zu-mir-oder-zu-dir? durchströmen Pflichtprogramme unser Leben: Der Mistsack geht über, die Flaschen gehören entsorgt und, bitte sehr, gehst eh du zum nächsten Elternsprechtag.

Liebe, diskret versteckt im Lurch des Alltags. Papi trottet zur Hausversammlung, Mami checkt den Kontostand. Dazwischen: Familienkonferenz, Finanzoptimierung, To-Do-Listen. Auf der Strecke bleibt oft einmal das Geheimnis, bleiben Küsse, Zwischentöne, die Lust, verboten und tiefgründig zu handeln. Keine Netzstrümpfe in Athen! Stattdessen Socken auf der rückenfreundlichen Matratze. Wir verrennen uns manchmal in dem, was zu tun ist, statt uns in dem zu verlieren, was wir tun wollen: Ich liebe dich sagen zum Beispiel – nach dem dritten Viertel beim Italiener; sich in die Arme fallen danach und den Rest womöglich gleich am Parkplatz erledigen; nicht darüber nachdenken müssen, ob der ganze Wahnsinn Kater macht, strafbar ist und ob wir es dann wirklich noch schaffen, rechtzeitig aufzuwachen. Um das

Kind zur Schule zu bringen, die Butterbrote zu schmieren und ohne Falten den Arbeitstag zu überleben.
Wir würden all das gern oft und öfter tun. Aber meist weisen uns die Vernunft und das Korsett der Gegebenheiten den Weg.
Wo ist's geblieben, dieses innig geraunzte, lechzendsehnsuchtsgierig amourösunanständige, wahrhaftige *Ich-liebe-dich-nur-dich?* Dieses *Ich-bin-verrückt-nach-dir-dir-dir?*
Ja, wo denn nur?
Die Kinder, sie sehen zwei, deren „Ich liebe dich" sich zwischen den Zeilen verstecken muss – etwa angelehnt an Worte wie Cornflakes, Brot, Milch. Als Höhepunkt einer langen, langen Wochenendeinkaufsliste, die man per E-Mail dem Liebsten zukommen ließ. So nämlich:

Schatz, nicht vergessen:
Erdäpfel
Brot
Milch
Butter
Cornflakes
Danke, ich liebe dich.

Antwort:
Ich dich auch.

Dass klar ist: Dieses Lieben ist nicht weniger geworden, aber versteckter. Es musste sich adaptieren, in aller Bescheidenheit und Demut. Weil sich die Rahmen-Bedingungen verändert haben. Das für alle augenscheinliche Lieben gedeiht in einer engen ökologischen Nische, die nur unter bestimmten Bedingungen zum Leben erwachen kann: Nach 22 Uhr, wenn das kleinere Kind endlich tief und fest schläft und das Größere endlich zum nächsten Festl taumelt. Aber nur bei optimaler Betriebstemperatur der Protagonisten und ihres Umfelds, heißt also: Muttern sollte nicht mit Stricksocken Rosamunde Pilcher schauen wollen. Es darf keine Champions League laufen. Der Hund sollte keinen Durchfall haben. Das Abendessen darf nicht zu schwer gewesen sein. Der Mond darf weder zu voll noch zu leer sein. Und sein Saturn darf auf keinen Fall im Quadrat zu ihrer Libido stehen.

Als, irgendwann, alles mal begann, hat uns davon niemand erzählt, damals. Wir schlenderten Hand in Hand in Paris und dachten, das bliebe so. Für immer.

Pech. Das Kleingedruckte des Liebesdeals liest keiner, auch wir haben das verabsäumt. Wozu auch? Erst wird gevögelt, dann geträumt, alles andere: wird schon.

Und trotzdem sei allen versichert, die jetzt die Nase rümpfen und sagen: Na eben! Ein bissel was geht immer noch. Trotzdem oder gerade deshalb.

Auch weil uns während all der Jahre der Wille füreinander nicht abhanden gekommen ist. Liebe kann auf Dauer nicht von Wünschen ans Universum leben. Und auch nicht vom Segen, von Orgasmen, von Hochzeitsgeschenken, von Ringen, von Beteuerungen, von L'amour-Hatschern und tausend Rosen. Fliegender Teppich? Nix da: Bodenstation, aber hallo. Liebe braucht zwei, die sich zueinander bekennen und – daraus resultierend – anpacken, graben, schaufeln, renovieren und umbauen. Schweißtreibend. Ein Non-Stop-Flug durch die Galaxien. Mal so und mal so – und oft einmal: völlig anders. Denn wie gesagt: Amor, der Pülcher, ist wie ein fieser kleiner Versicherungsvertreter. Er schleimt dich nieder, er schwindelt dich an, er verspricht dir beste Konditionen. Du unterschreibst. Und wenn's dann brennt, kriegst einen warmen Händedruck und ein „Bedaure: Haben S' das Kleingedruckte auf der Polizze nicht gelesen?"

Haben wir – leider – nicht!

Mama, Papa – habt ihr euch noch lieb? Ja. Haben wir uns. Und dafür, versprochen, werden wir auch weiterhin alles, alles tun. Weiter graben, weiter schaufeln, weiter renovieren, weiter umbauen. Trotz Einkaufslisten, Hausversammlung und Migräne. Oder gerade deshalb.

Habt ihr euch noch lieb?

Liebe besteht nicht darin,
dass man einander anschaut,
sondern dass man in
dieselbe Richtung blickt.
(Antoine de Saint-Exupéry)

Was für eine Frage! Die falsche Frage nämlich. Lieb hatte ich einst meinen Teddybären, der gebrummt hat, wenn er auf den Kopf gestellt wurde. Lieb hatte ich die Uroma, die mir Schokolade schenkte, wenn ich es schaffte, mich beim Spaghetti-Essen nicht anzupatzen (also selten). Lieb hatte ich die achtjährige Angelika, der ich in der Volksschule Briefe schrieb, in denen ich formulierte: „Du bist soooo süs. Ich schike dir vile busis." Die Frage muss daher fern der Verniedlichung eines großen, einzigartigen Gefühls lauten: Liebt ihr euch noch? Und die Antwort ist klar:
Natürlich! Und wie!
Eine andere Antwort wäre auch der Produktion dieses Buches wenig förderlich. Weil es in einem solchen Fall an dieser Stelle enden würde.
Also: Ja!
Das schreibt sich dem Gesetz der Selbstverständlichkeit folgend locker hin. Erst ein L, dann ein I, ein E, ein B, und ein E geht auch noch. Aber wo in unserem Leben haben

diese fünf Buchstaben noch den Raum, zu einem Gesamtkunstwerk zu verschmelzen? Nach 13 Jahren der Gemeinsamkeit darf so eine Frage schon einmal auftauchen. Oder sogar öfter.

Immer dann, wenn der Wecker um 6.30 Uhr läutet, weil es allen Biorhythmen zum Trotz die Schule so will.

Wenn die Sehnsucht nach dem morgendlichen Schweigen durch gereizte Fragen und nervöse Anfeuerungen zum unerfüllten Tagtraum wird: „Kannst du noch schnell Fahrscheine kaufen?" – „Komm, mach' noch einen Schluck!" – „Hast du am Wochenende Dienst?" – „Bitte, tu weiter, zieh dich an." – „Und vergiss nicht, die Lehrerin zu fragen, wann ihr vom Schönbrunn-Ausflug zurückkommt!" – „Hallo, hast du mich verstanden?"

Wer jetzt?

Wenn der Arbeitstag Stunde um Stunde wie ein bösartiger Alltags-Egel körperlichen Elan und geistige Frische raubt, und die rare Telefonstimme der Holden fortwährend den geschäftlichen Unterton besitzt – zur wiederholten Klärung (eh nur), ob das Hortgeld überwiesen, die Milch besorgt oder das Treffen mit der Tante organisiert ist.

Wenn im Produktionsstress, im Abendstau und an der Supermarktkasse das Handy läutet, und das aufleuchtende Display schon das traditionelle Wo-bist-du vorweg nimmt.

Wenn während des Abendessens der Dialog mit dem

Kind, nach dem Abendessen das Kind-ins-Bett-Ritual („Schau einmal auf die Uhr, es ist schon nach halb neun“), und nach dem Kind-ins-Bett-Ritual dann endlich die eigene Erschöpfung dominiert.

Es gab Zeiten, da gab es diese Wenns nicht. Und von Flanellpyjamas statt Dessous und vom Thermophor statt heißer Tête-à-têtes war auch noch nicht der Hauch einer Spur.

L, I, E, B, E – die fünf Freunde, wo sind sie, wenn man sie braucht? Damals, als das Feuer entfacht wurde, schwirrten sie in unseren Bäuchen, schmiegten sich an unsere Wangen und unsere erogenen Zonen, formten sich, so sehr man sie auch schüttelte, immer wieder zum Wort LIEBE.

Einige Jahre später erscheinen sie vor dem müden Auge gern einmal beispielsweise als BLEIE.

Aber möglicherweise ist die Wahrheit eine ganz andere. Möglicherweise war das, was wir einst als Liebe definierten, nicht mehr als Eroberung, Leidenschaft und Hingabe. Ein wundervolles Verliebtsein, losgelöst von Zeit, Raum und *Schatzilein-die-Butter-ist-abgelaufen*. Aber Liebe? Müsste daher die Frage statt „Liebt ihr euch noch?“ nicht vielleicht viel eher lauten: „Liebt ihr euch schon?“ Habt ihr genug gestritten und gelitten, erzogen und verzogen, gelacht und gevögelt, um im Sinne des größten aller Werte sagen zu können: Allmählich glaube ich, das muss wahre Liebe sein.

Ja. Wieder ein Ja. Ein wahrhaftiges Ja. Es ist mittlerweile soweit, wir lieben einander schon.

Unser erstes gemeinsames Buch *Paarspalterei* hatte die unzähligen Fallen des Zusammenseins zum Inhalt. Dabei haben wir in fünfzehn Kapiteln offenbar den Eindruck hinterlassen, das luftige Miteinander müsste sich in den Jahren zwangsläufig zu einem gefesselten Nebeneinander entwickeln. So ironisch konnten die Texte gar nicht sein, dass die im Kern verborgene Wahrheit am Ende nicht doch zum breit angelegten allgemeinen Aha-Erlebnis wurde. Dabei – so scheint es uns – ist der Witz, das Miteinander- und Übereinanderlachen die bestmögliche Therapie für pathologische Raunzer im Alltagsstrudel.

Denn im Lauf der vielen gemeinsamen Jahren werden die nervenden Eigenheiten keineswegs mehr, sondern lediglich sichtbarer. Dort, wo einst der Schleier der Toleranz die Schwächen verhüllte, ist mittlerweile längst die Konfrontation mit den laut und fröhlich piependen Vögeln im Kopf auch in Ermangelung von Freiraum unvermeidlich.

Und es kommt unweigerlich der Punkt, an dem man sich zu fragen beginnt: Wie wahnsinnig macht es mich eigentlich,

– dass meine Frau grundsätzlich die Zahnpastatube offen lässt, sodass ich immer eingetrocknete Creme auf mein Bürstel drücke?

– Dass sie nach dem Verlassen des WCs die Klotüre niemals schließt, sondern nur anlehnt?
– Dass sie das Geschirrtuch nicht über den dafür vorgesehenen Haken hängt, sondern in einer Schiebelade einklemmt?
– Dass sie hysterisch wird, wenn sie das iPhone zu Hause liegen gelassen hat?
– Dass sie eine Frage stellt, und während der Antwort den Raum verlässt („Red' nur weiter, ich hör' dich eh").
– Dass sie zwänglerisch alles wegräumt und sich dann beschwert, dass sie es ist, die immer alles suchen muss?
– Dass sie mir (klein gehackt) Zucchini ins Essen schummelt?
– Dass sie gern Jazz hört?
– Dass sie nicht gern Fußball schaut?
Dass. Dass. Dass. Die Liste ließe sich mit Leichtigkeit zu einem eigenen Buch machen.
Daher auch die Frage: Liebt ihr euch schon?
Seid ihr tatsächlich so weit, dass alle diese Schrulligkeiten oder nervtötenden Eigenschaften nicht permanent Euren Fluchtreflex aktivieren, sondern dass Ihr sie mit buddhistischer Gelassenheit viel mehr als das nehmt, was sie sind: Ein Teil einer Persönlichkeit, die mindestens ebenso viel Großartiges zu bieten hat?
Mich erinnert das – klingt komisch, ich weiß – immer an das Golfspiel. Am Ende einer Runde sitzen alle zusammen und schildern einander ihre vielen Situationen

des Pechs – als der Ball direkt unter einer Bunkerkante lag, gerade noch ins Wasser rollte oder wie verhext am Loch vorbei kullerte. Kaum jemand erzählt von den vielen kleinen Glücksmomenten – als der Ball nur wenige Zentimeter von der Outgrenze entfernt lag, aus dem Rough zurücksprang oder im Wald schon nach kurzer Suche gefunden wurde. Was beweist: Das Gute und Schöne nehmen wir in unserem Leben gern als Selbstverständlichkeit zur Kenntnis, während wir uns über das Böse und Blöde so lang ereifern, bis wir selbst böse und blöd werden.

Es wäre freilich gelogen zu behaupten, es gäbe sie nicht, diese Augenblicke, während derer man von der Freiheit träumt. Davon, dass man nicht Rechenschaft ablegen muss. Dass man kommen und gehen, tun und lassen, Dreck machen und aufräumen kann, wann man will. Dass man nicht auf die Uhr schauen muss, dafür aber in gewissenlosem Dirty Talk über potenzielle Liebhaberinnen schwärmen darf. Dass familiäre Organisation, Verantwortung und Sorge kein Thema sind.

Wissend natürlich, dass alle jene, die genau dieses vermeintliche Glück besitzen, ihrerseits mindestens genauso oft von Liebe und Geborgenheit träumen.

Daher ist es gut, wie es ist. Nicht trotzdem, sondern weil. Daher liebe ich meine Frau schon. Denn wer, wenn nicht ich, kann das beurteilen? Es sind oft diese kleinen Ereignisse, die mein Bewusstsein schärfen.

Wenn ich wach im Bett liege und sie dabei beobachte, wie sie schläft. Ich studiere ihr Gesicht (und, ja: genieße ihr Schweigen) und denke mir, während sie ein kurzes Grunzen vernehmen lässt: Da habe ich aber Schwein gehabt.
Wenn sie mir vor dem Fernseher zärtlich zuhaucht, dass ich der beste Fußmasseur der Welt bin, wissend, dass ich niemals die Frage stellen würde, wer denn aktuell der zweitbeste ist?
Wenn sie sich wortreich über die Institution Vatertag lustig macht, diesen statt dessen zum Anlass nimmt, voller Häme meine Unzulänglichkeiten aufzuzählen, und ich erkenne, dass sie mir kein größeres Kompliment machen könnte.
Auch mit diesen Wenns könnte ein Buch gefüllt werden. Denn wo L, I, E, B und E draufsteht, ist garantiert Liebe drin.

Ist das jetzt mein neuer Papa?

Kinder buchstabieren
noch mit dem Herzen.
(Erich Kästner)

Es gibt Dinge im Leben, die sind unvermeidlich. Die müssen sein. Kontrollen beim Zahnarzt, zum Beispiel. Die jährliche Einkommensteuer-Erklärung. Das Harzen der Beinhaare. Jedes für sich tut irgendwie weh. Zwickt. Bohrt. Ist zum Davonrennen. Und verführt zum Prokrastinieren. Den Termin verschiebe ich – einmal noch! Jetzt bitte nicht, später. Aber, wie schon gesagt: geht nicht anders. Irgendwann ist es so weit, Augen zu und: durch! Denn wer verschiebt, kriegt es mit Karies, dem Finanzamt oder der Schönheitspolizei zu tun.
Oder mit dem eigenen Kind.
Ich will ja keineswegs behaupten, dass ein neuer Mann im Leben einer Alleinerzieherin mit einem Besuch beim Facharzt für Zahnheilkunde vergleichbar wäre. Doch wenn es darum geht, den Herzbuben unauffällig und

möglichst schonend in die Idylle von Mutter und Sohn zu schwindeln, dann klingt das durchaus nach Wurzelbehandlung. Denn es gibt kaum eine Frage, die man als frisch Verliebte mehr fürchtet, als die des Kindes, wenn es sich mit dunkler Miene vor dir aufpflanzt und leise flüstert: „Ist dieser Mann jetzt mein neuer Papa?“ Dagegen ist der cineastische Untergang der Titanic ein Skikurs-Sketch. Denn natürlich rennst du als Frau, die sich vom Vater ihres Nachwuchses getrennt hat, immer mit dem Gefühl durchs Leben, so gut wie alles falsch gemacht zu haben. Und wer alles falsch gemacht hat, der hat auch kein Recht auf Glück. Und schon gar nicht auf einen neuen Mann, der sich am Ende tatsächlich als so etwas wie ein „neuer Papa“ entpuppen könnte.

Eine Scheidung reicht also für eine düstere Dekade an schlechtem Gewissen. Eine Art Beulenpest, mit fatalen Folgen. Da vergeht post ehemortem kein Tag, an dem nicht mindestens einmal eine ganze Doktorarbeit an quälenden Fragen abgearbeitet werden muss, um für sich zu beteuern, dass es gut war, wie es ist. Oder doch nicht? Hätten wir es nicht noch einmal versuchen müssen? Wieso habe ich A getan und nicht B, C, D? Und hätte ich mich in diesem goldenen Käfig nicht doch lieber wie Fräulein Kaspar Hauser hospitalisieren lassen sollen – alles nur, um dem Buben das Trennungstrauma zu ersparen? Die Last nicht wahrgenommener Möglichkeiten, versäumter Gelegenheiten und mütterlicher Ohnmacht produziert den Plot, aus dem Dramen und Thriller gebastelt werden könnten. Am Ende sitzt unsereiner da wie Norman Bates' Mutter in Hitchcocks *Psycho*: skelettiert und extrem tot. Und wenn schon nicht das, dann verziehen wir uns zur Selbstgeißelung mindestens einmal pro Tag in die Kemenaten. Um dort Schuld und Sühne zu spielen, wie andere mal ein Matcherl *Mensch ärgere dich nicht*.

Aber weil es das Schicksal so wollte, rumpelte eines Tages trotzdem ein junger blonder Mann in meine selbst gewählte Askese und tat etwas, auf das ich ein gefühltes Jahrhundert lang gewartet hatte: Er machte mir Komplimente. Er umwarb mich. Er schenkte mir das Gefühl, Frau zu sein, und nicht nur Butterbrot streichende, Hausaufgaben kontrollierende, kleine Bubensocken sortierende, *König der Löwen* summende Mama, die sich nicht nur wie ein fadbrauner Kartoffelsack anfühlte, sondern auch schon so kleidete. Ich warf in diesem Moment alles, was mein schlechtes Gewissen an Tu-das-ja-nicht-Parolen für mich bereit hielt in den Trashordner. Und gab mich schwebend der neuen Leichtigkeit hin. Und eh ich mich's versah, hatte ich mich auch schon verliebt. In den Co-Autor dieses Buches. Das ist jetzt auch schon ein Weilchen her, aber die Erinnerung daran ist so unverbraucht wie ein Ennio-Morricone-Film. *Spiel mir das Lied vom Tod* kann man sich zehn Mal anschauen, und der Streifen bleibt immer noch spannend.

Anfangs lässt sich so ein junges Glück noch locker tarnen. Der Frage „Wo gehst du hin?“ wich ich aus, indem ich das Kind auslagerte – zur Tante nämlich. Ausnahmsweise einmal keiner, der mich beim Anziehen und Aufbrezeln beobachtete, um mich danach zu verhören: „Wieso schminkst du dich für einen Kinobesuch mit deiner Freundin eigentlich so aufdringlich?“ Oder gar: „Warum nimmst du mich nicht mit?“ Indem ich also den neuen Mann in meinem Leben ausschließlich an diesen speziellen Terminen datete, beschenkte ich mich wenigstens einmal pro Woche mit dem Gefühl, ausschließlich mir Rechenschaft schuldig sein zu müssen. Keiner, der mich und mein Tun inspizierte: Was machst du? Wann kommst du wieder? Und erzählst mir dann eh alles? Der Rest etwaigen schlechten Gewissens dem Nachwuchs gegenüber – ausgeblendet im Schein der rosaroten Brille. Ich fühlte mich wie in einem David-Hamilton-Schinken – weich gespült vom Lieben und diesen sündig-schwarzen Freitagen, an denen ich mich nicht mit Sohn, Hund und einer Packung Chips das xte Mal vor *Knight Rider* knotzen und „Ui, spannend“ jauchzen musste. Diese Tage waren für mich reserviert – auch aus taktischen Gründen, denn: Man weiß ja nie! Kaum schleppt man den Neuen an, um ihn als guten Bekannten beim Kind zu entrieren, ist er womöglich schon wieder am Absprung zur nächsten Blüte. Ich wollte meinem Sohn nie das Bild vermitteln, seine Mutter hätte einen Männerverbrauch wie Zsa

Zsa Gabor. Oder umgekehrt: Seine Mutter wäre so eine Bissgurn, dass keiner bleiben will. Dann schon lieber: gar nix sagen.
Irgendwann war dennoch klar: Oh doch, das könnte er jetzt sein. Das könnte *es* jetzt sein. Das könnte was werden. Das wird was. Das ist schon was! Fern am Horizont tun sich plötzlich Visionen auf. Die gemeinsamen Momente fordern ihr Recht auf Expansion. Mehr! Mehr! Mehr! Das Glück mag über sich selbst hinauswachsen, auch über die Zweisamkeit hinweg. Du weißt, es wird Zeit für ein Outing. Der Neue anscheinend auch, denn eines schönen Freitags stellte er die unvermeidliche Frage: „Und wann werde ich deinen Sohn kennen lernen?“ Das ist der Moment, wo der wunderbarste Branzino plötzlich nach Hundekauknochen schmeckt und instinktiv der Fluchtreflex aktiviert wird. Wenn die Wahrheit ihr Existenzrecht einfordert, wird's oft zum Davonrennen. Stopp und schluck: Nein, bitte noch nicht. Keine Wurzelbehandlung. Nicht bohren! Soll ich? Soll ich nicht? Ist das zumutbar? Und was, wenn alles doch ein großer Irrtum ist? Aber dann plötzlich weißt du es, wissen es beide, wissen es alle drei: Es ist allerhöchste Zeit. Zeit, dieser Liebe die Ehre zu erweisen.
Großes, sehr großes Grübeln: Wie lege ich es an? Wo, wann und vor allem wie passiert die Gegenüberstellung? Unter Lokalanästhesie? Bei einer vierfachen Portion Bananensplit und gaaanz viel verbotenem Cola? Verquickt

mit dem gigantischsten Paket Lego seit Erfindung des Kinderspielzeugs? Bei den Babyelefanten im Zoo? Und was dann? So tun, als ob? Schmuse- und Berührungsverbot? Flunkern: Der nette Onkel ist nur ein Bekannter von mir und möchte gern ein bisserl mit dir plauschen? So ein Kind ist ja nicht blöd. Ich verwickelte meinen damals zehnjährigen Buben in ein Netz aus subtil gesponnenen Vorbereitungsritualen. In dessen Rahmen die Floskel „Was wäre eigentlich, wenn …" eine tragende Rolle spielte. „Was, lieber Sohn, wäre, wenn die Mama, äh, wenn die Gaby, äh, also wenn wir, wenn da plötzlich, äh, also, hmm." Noch nie in meinem Leben klang ich so bescheuert. Das Kind hingegen reagierte überraschend cool: „Ist schon gut Mama. Wenn du einen neuen Freund hast, dann möchte ich jetzt einmal wissen, wie er heißt."

Dammbruch. Ein wunderbarer Moment, um tief in den Schmalztopf zu greifen und in schillerndsten Farben die Vorteile des neuen Onkels auszumalen. Was für ein cooler Johnny der Michael nicht sei und ja, dass er auch auf die Violetten stünde, so wie er. Ein Fußballer, Bub! Und vielleicht bringt er ja den Fan-Schal das nächste Mal mit? In all dem Übereifer wird leicht übersehen, dass der Bub kein Vierjähriger mehr ist, der immer noch an die Zahnfee glaubt und beim Kasperl laut „Hau das Krokodil" schreit.

Wohl deshalb hörte ich damals sein Lapidares: „Ist schon

gut, Mama. Schauen wir mal." Sodann wird das neue, noch artfremde Lebewesen sanft in die ökologische Nische Sohn/Mutter implantiert. Großes Hätscheln, Tätscheln und Umwerben des Kindes. Erwachsene, wie es sie sonst nur in amerikanischen TV-Serien gibt: lässig, großzügig, für alles offen. Das Fleisch gewordene Verständnis – behutsam, psychologisch. Ich lege meinem Geliebten fortbildende Erziehungslektüre ans Herz: *Scheidungskinder – wie geht es ihnen wirklich?*, *Aus zwei mach drei* (Das Werk *Aus zwei mach vier* sollte ein Jahr später, zur Geburt unseres gemeinsamen Kindes folgen). Und: *Plötzlich Vater.*

Oho. Nicht, dass ich jetzt missverstanden werde. Natürlich kann ein Vater durch nichts ersetzt werden. Der neue Mann im Leben einer Frau kann deren Kind(ern) immer nur Freund bleiben. Als einer, der auf einer langen Busreise zugestiegen ist und jetzt zufällig das gleiche Ziel hat. Aber mit den Jahren bleibt es auch ihm nicht erspart, sich seiner Verantwortung zu stellen und eine Botschaft auszusenden: Hier bin ich. Hier bleibe ich. Und mein Wort gilt.

Dennoch fühlt sich die vorsichtige, nach Halt suchende Frage „Und? Wird das jetzt mein neuer Papa?" auch wie ein Stich in eine immer noch nicht vollständig verheilte Wunde an. Man erinnert sich: An dieses einst vor dem Altar gegebene Versprechen, in dem die Protagonisten irgendwas von Bis-dass-der-Tod-uns-scheide oder so gen

Himmel säuselten. Daran glaubten wir – ganz fest. Um fünf Jahre später entdecken zu müssen, dass nicht der Gevatter, sondern eine Scheidungsrichterin im mittleren Alter in dieser Causa final tätig werden muss. Wie also sollte ich meinem Sohn auf diese Frage eine aufrichtige Antwort geben? Wie konnte ich ihm Stabilität vermitteln, wenn ich selbst längst den Glauben an die Gültigkeit diverser Versprechen und Visionen verloren hatte? Musste ich ihm beibringen, dass es so etwas wie Sicherheit, Endgültigkeit in einer Welt wie dieser niemals wird geben können? Dass es besser sei, sich ein wenig tragen zu lassen, auf den Wellen des Jetzt. Weil das Leben kein Schweizer Bankkonto ist?
Vorzüglich, dass sich all das fast wie von selbst erledigte. Michael und ich beschlossen, ehrlich zu sein. Um in dieser Wahrhaftigkeit das zu leben, wofür wir stehen: Zwei, die sich gefunden haben. Sei es nur für Wochen oder für ein ganzes Leben. Darin gibt es keine Zweitbesetzung für den Papa, sondern jemanden, der über die Liebe zur Mutter die Liebe zum Kind entdecken möchte. Die Zuneigung eines Freundes, eines Wegbegleiters. Daran und an unserem Glück haben wir dieses Kind teilhaben lassen. Dass so viele gute Jahre daraus werden sollten, konnte freilich keiner von uns wissen.

Ist das jetzt mein neuer Papa?

Ein Kind ist
kein Gefäß, das gefüllt,
sondern ein Feuer,
das entzündet
werden will.
(François Rabelais)

Na bravo! Die Frau hat ein Kind! Und zwar eines, das nicht von mir ist, was die Sache einigermaßen verkompliziert. Aber das habe ich weder gewusst, noch geahnt, noch war es für mich wichtig, als ich sie in der Kantine erspähte. Zu diesem Zeitpunkt waren meine einzigen Bedenken, dass ausgerechnet sie, die ich für so schön und reizvoll erachtete, Zucchini auf ihrem Teller hatte. Über welche sinnliche Gaben vermag eine Dame zu verfügen, die Kantinen-Zucchini auch nur den Hauch einer Chance auf leibliches Wohl gewährt?
Ja, in einem Problembewusstsein dieser Größenordnung schickte ich mich einst an, sie anzureden. Locker, lässig, lebensmunter, aber mit einem Sinn für familiäre Verantwortung ausgestattet wie allenfalls Hugh Hefner für Monogamie.
Aber als sie mich erstmals – viele Wochen und noch mehr Gemüse später – mit der Tatsache konfrontierte, dass ihr größter Herzbube gerade einmal zehn Jahre alt wäre, war es längst zu spät. Da hatte ich ihr schon zu tief

in die Augen und ins Dekolletee geschaut, hatte schon zu viel gelacht, zu viel geschwärmt, zu viel geträumt, hatte zwischen Cabernet Sauvignon und Prosciutto Crudo schon zu deutlich gemacht, dass ich nicht nur am romantischen Dinner, sondern auch am gemeinsamen kargen Frühstück zu morgendlichen Unzeiten durchaus Interesse hätte.

Immerhin: Gemeinsames Frühstück fand sie grundsätzlich auch gut. Aber nicht ohne zu betonen, dass ich mir im Klaren darüber sein müsste, dass neben, beziehungsweise zwischen uns auch ein Volksschüler Kakao und Kipferl zu sich zu nehmen pflegt.

„Na super", frohlockte ich. „Ich liebe Kinder."

Was hätte ich, verliebt wie ich war, denn sonst sagen sollen? Dass ich zwar gelegentlich mit Kindern aus der Freundschaftsrunde kommuniziere, aber eben nur in einem für mich erträglichen Zeitrahmen? Dass ich dabei kaum mehr bin als ein lustiger Typ, dessen Repertoire bei der Fingerspiel-Zauberei endet, die einen abgetrennten Daumen als Höhepunkt der Illusion hat? Dass ich dem Kinderlärm in Lokalen, in Hotels oder sogar bei Ikea nur wenig Unterhaltsames abgewinnen kann und das Zitat „Kinderlärm ist Zukunftsmusik" ziemlich blöd finde? Dass ich als Film-Konsument neben der listig-lustigen Oma kein Charakterfach so missbillige wie das schlaue, vorwitzige Kind, das im Gegensatz zu den Erwachsenen auch die schwierigsten Kriminalfälle löst?

Ein Kind also. Ein Scheidungskind noch dazu. Herrje! In meinem Kopfkino lief immer wieder ein Film ab: Von einem süßen Buben, mit großen Augen, die sich allabendlich mit Tränen füllen, wenn er Mami vor dem Schlafengehen die Frage stellt: Wirst du den Papi irgendwann wieder heiraten? Von der naiven kindlichen Sehnsucht nach Rückeroberung familiärer Harmonie. Von der kindlichen Angst vor der Endgültigkeit. Vom kindlichen Glauben daran, dass irgendwann einmal alles wieder gut wird – und dass man auf dem Weg dorthin einen anderen Mann an Mamis Seite brauchen kann wie rosa Bettwäsche.

Ich wollte kein Störenfried in der fragilen Idylle sein. Kein böser Onkel. Kein Eindringling. Aber mit jedem Rendezvous, mit jedem gewonnenen Zentimeter Nähe, wurde mir klar, dass meine tief empfundene Hingabe und Liebe irgendwann über geheime Treffen hinausgehen müsste. Dass ich mich Mamis Liebling stellen sollte. Nur leider: In derlei Begegnungssituationen fehlte mir jegliche Routine. Mutti zu erobern schien mir ein Kinderspiel zu sein im Vergleich zum Sturm auf die Festung Sohn. Ich hatte keinen Plan, keine Strategie, keine Ahnung. Stattdessen hatte ich Bauchweh. Was ist, wenn er mich zu blöd findet? Zu jung? Zu hässlich? Zu uncool? Zu unnötig?

Mit dem Sohn einer Frau aus der Kategorie Affäre einmal ins Technische Museum zu gehen und sich als scheinbarer Fachmann für Gravitation oder Dampfmotorik ins beste Licht zu rücken, ist das eine. Aber das andere ist der Gedanke daran zu glauben, dem Sohn einer Frau aus der Kategorie Zukunftshoffnung einen dauerhaften Eindruck der eigenen Großartigkeit vermitteln zu müssen.

Das Prunkstück meines Magenstrudels war in diesem Zusammenhang die Gewissheit fehlender Autorität. Eine Zeit lang scheint es wohl keine besondere Herausforderung zu sein, dem Knäblein mit Fußball-, Zoo- oder Prater-Action ein „Mami, der Michael ist echt nett" abzuringen. Aber in einem Familienverbund gibt es eben nicht nur die lustigen Abenteuer zu bestehen, sondern auch die ernsten Alltagssorgen zu behandeln. Dabei wird väterlicher Rat umso teurer, wenn man gar kein Vater ist. Da sollte sich die Grenzziehung schon schwieriger gestalten. Da könnten sich Anweisungen wie „Räum dein Zimmer auf", „Um halb neun bist du im Bett" oder „Nein, du hast heute schon ein Eis gehabt" zu einem emotionalen Bumerang entwickeln. Nämlich dann, wenn womöglich der gefürchtete Satz, scharf wie ein Samurai-Schwert, erklingt: „Du brauchst mir gar nix sagen, du bist nicht mein Vater."

Die Höchststrafe. Denn ein Papa besitzt die natürliche Kraft zur Einhaltung der familiären Rechtsordnung. Ein Freund besitzt sie nicht. So blitzte und donnerte es in meinem Hirn. Stattdessen stand in flammender Schrift der Begriff „Stiefvater" im Raum. Wie das schon klingt!

Ein Stiefvater interessiert sich nicht für den Sohn der Geliebten. Ein Stiefvater ist böse und hetzt die Mutter subtil gegen das Kind auf. Ein Stiefvater versteckt heimlich Lieblingsstofftiere und Nintendos. Ein Stiefvater ist eine gefühlsmäßige Stiefkühltruhe.

Und so stand ich eines Abends allein in ihrer Wohnung. Sohnemann war bei der Tante, Gaby auf einen Sprung im Supermarkt. Ich ging ins Kinderzimmer, nachdenklich und besorgt. Ich studierte die Kinderzeichnungen und Tonskulpturen, die ich fortan als Meisterwerke preisen sollte, das Lego, das zum Garant wunder Knie werden würde, und die Pickerln auf den Kastentüren, die ich sicher irgendwann einmal in mühsamer Kleinarbeit fluchend wegfitzeln müsste.

Will ich das?

Ja, dachte ich mir. Und: Vielleicht ist der Kleine eh nicht verunsichert, verheult, verhätschelt – vielleicht ist er ja sogar ganz nett.

Daher überlegte ich mir für das erste Treffen etwas Besonderes. Wissend um die kindliche Begeisterung für die Erfolgsmannschaft der Salzburger Fußballer organisierte ich für ein Spiel gegen Rapid Karten auf der Pressetribüne. Der Gedanke lautete: Wenn er mich schon nicht leiden kann, soll er wenigstens nicht sagen können, er hätte im Stadion nix gesehen.

Als kleine Morgengabe brachte ich einen Fanschal aus einer limitierten Special-Edition mit, den ich dank gut

gepflegter Sportjournalisten-Kontakte aus dem Salzburger Klub-Fundus erobert hatte.
Und als mir der Kleine von der auch etwas angespannten Mutter überreicht wurde, führte ich ihn zu meinem Auto, wo er als Höhepunkt meiner gewitzt angelegten Einschleimerei auf dem Beifahrersitz Platz nehmen durfte. Weil ich mir sicher war, dass dies der bestmögliche symbolische Ausdruck war, ihm jene Größe zu attestieren, die er noch gar nicht haben konnte. Außerdem hatte ich das Glück in Gestalt eines Bordcomputers auf meiner Seite. So ein Gerät nämlich hatte Mamis Spuckerl nicht, und „natürlich darfst du herumdrücken, so viel du willst“ (ich werde das nachher schon irgendwie wieder in Ordnung bringen).
Der erste Schritt war getan. In den weiteren Stunden war ich ausschließlich damit beschäftigt, jede Mimik, jede Gestik, jedes Schweigen auf Wohlwollen oder Ablehnung hin zu interpretieren. Ich bemühte mich um den Mensch gewordenen Schlüssel zum Glück wie ein engagierter Pfleger in einer geriatrischen Anstalt. Behilflich dabei war die Erkenntnis, dass der Erfolg umso mehr gewährleistet ist, wenn ich endlich damit beginne, ich zu sein – interessiert, einfühlsam, ehrlich.
Das funktionierte sogar noch Stunden später, als wir zu dritt beim Esstisch saßen und gemeinsam die so genannte Sauerkraut-Polka sangen, und ich mir tatsächlich in keiner Sekunde dachte: „Hoffentlich geraten diese Szenen

niemals als Video in die Hände meiner humorigen Bonvivant-Clique."

Es ging plötzlich um Annehmen und Einlassen. Nicht um ein Imponieren als Mittel zum Zweck, sondern um ein Entwickeln von Liebe. Nicht um den Kampf, ein besserer Vater sein zu wollen, sondern um ein jahrelanges Geduldspiel um gegenseitige Zuneigung und Respekt – mit höchstem Einsatz.

Das ist gelungen. Ich habe den so gefürchteten Satz nie in meinem Leben gehört.

Und die Pickerln hat der Junior viele Jahre nach unserem Rendezvous im Hanappi-Stadion selber weggefitzelt.

Warum darf ich nicht Oida sagen?

Ich beherrsche die deutsche Sprache,
aber sie gehorcht nicht immer.
(Alfred Polgar)

Bitte, von mir ist die Idee zu diesem Kapitel und die damit zusammenhängende Frage nicht. Ich sehe mich eher für die wirklich großen Überlegungen zuständig: Woher kommen wir, wohin gehen wir und was machen wir, wenn die Milch aus ist? Aber: „Warum darf ich nicht Oida sagen?" Bitte? So banal, dass es schon fast wieder philosophisch erscheint.
Das kann nur mein Mann erfunden haben. Der ist unter der Fuchtel des landesweit akribischsten (und nebenbei liebenswertesten) Sprachpolizisten aufgewachsen – der kann folglich gar nicht anders als an und mit Worten operieren. Der zerpflückt alles Gesagte und Geschriebene wie ein Botaniker das faszinierende Innenleben eines südchinesischen Schneeglöckchens und ist auch noch glücklich, wenn er erhobenen Fingers darüber

dozieren kann, was geht. Und was nicht. *Oida* geht, wie Sie der Überschrift dieser Geschichte entnehmen können, gar nicht. Und weil ich da so locker vor mich hinschreibe: Geht gar nicht geht auch nicht. Absolut tiefstes Sprachniveau – steht auf der schwarzen Liste verbotener Sprüche und Worte. Gleich nach *Oida, Oasch* und *Owezahn*.
Hach, würde das mein Liebster lesen, müsste er unter der Last dieser sprachlichen Plattitüde sofort gequält ächzen und mir den Vogel zeigen. Für ihn sind solche Sätze das Ergebnis lemmingartigen Sprachverhaltens – irgendeiner fängt mit einem Blödsinn an und alle sagen es irgendwann so ungefiltert wie unreflektiert nach. Ich auch. Wogegen ich mich allerdings wehre, ist das Ungefilterte. Ich mache das im Wissen, dass ich jetzt etwas sage, was alle gerade sagen und ich eigentlich nicht sagen dürfte. Oder was grundfalsch ist – grammatikalisch betrachtet. Dabei bin ich mir natürlich bewusst, dass ich den Unbedarften und Unwissenden nach dem Maul rede. Aber ich sage mir: Scheiß drauf, warum nicht? Das Leben ist kompliziert genug, nimm's leicht und locker – rede Blödsinn. Red aus dem Bauch heraus. Man muss nur wissen: wo, warum und wann.
Sie spüren also: Die Kinder und ich, wir müssen verdammt aufpassen, was wir so absondern, sonst lässt uns das Familienoberhaupt mental Scheitelknien. Selbstverständlich jubiliere auch ich nicht, wenn die Zehn-

jährige von der Schule heimkommt, den Ranzen (Unwortalarm – geht gar nicht!) in die Ecke wirft und mit einem Oida-war-die-Schule-heut-wieder-öd das hochsensible Sprachzentrum des Vaters verletzt. Erstens, weil ich weiß, dass der jetzt wieder zum großen belehrenden Rundumschlag anheben wird (fad!) und zweitens, weil Oida jetzt auch für mich nicht das Wort des Jahres werden wird. Von mir aus: pfuh. Oder: Bist du deppert. Oder: Krawuzikapuzi. Aber Oida? Oida ist Unterschichtentalk, scheint's. In den Augen meiner Tochter und all ihrer Freundinnen allerdings nicht. Die finden das chic – und zwar als Ausdruck des coolen Dabei-Seins.
Oida heißt auch ein bisschen: pfuh und bist-dudeppert-aber-hallo-ist-das-denn-coool. Oida ist der Inbegriff des Lässigseins, des distanzierten Insidertums – wer A sagt, muss Oida sagen, sonst ist er nicht drin. So gesehen ist Oida eine von vielen kleinen Eintrittskarten in den legendären Jugendklub. Da gehören wir nicht hin, folglich gibt es nichts Schlimmeres als Eltern, die sich mit einem Oida in die Herzen ihrer Kinder schleimen und damit testen wollen, ob sie allenfalls noch als jung durchgehen. Aber das ist eine andere Geschichte.
Achja, drittens, das gehört auch noch gesagt: Dieses derbe Wort passt nicht zum Antlitz unserer Tochter. Das ist zart, schön, erlesen – Oida ist hässlich, schmutzig, Breitmaul-Sprech.
Und trotzdem: Ein Oida-Embargo, Drohung inklusive,

wage ich nicht anzuordnen. Ich sage maximal: Nicht schon wieder Oida, Oida! Oder: Für jedes Oida kassiere ich 10 Cent, Kind. So bemüht lustige Sachen halt, von denen ich ganz genau weiß, dass sie eh nichts bewirken werden. Ich bin nämlich der Meinung, dass es kaum möglich ist, die Kinder hinter Sprachbarrieren einzusperren. Je mehr davon, desto faszinierender das Verbot-Blabla. Schon Vierjährige können das wunderbar demonstrieren. Die kommen aus dem Kindergarten und quieken fröhlich-naiv: ficken, ficken, ficken! Sie haben das von den großen Buben im Park gehört und spüren das Besondere und Verbotene daran. Je mehr wir Erwachsene da in Schockstarre und Aufregung verfallen, desto toller für die Kleinen. Motto: Ich sage …, also tut sich was ganz, ganz Lustiges bei den Großen. Also sage ich es noch einmal ganz laut: Fihicken! Ich habe es bei beiden Kindern erst einmal ignoriert, um zu signalisieren: wurscht, regt mich nicht auf, berührt mich nicht. In der Hoffnung, dass der damit verbundene Reiz verloren geht und sich das F-Wort genauso schnell wieder verflüchtigt, wie es dahergekommen ist. Half das nichts, habe ich mich bemüht, in aller Ruhe zu erläutern, warum Mamsch und Papsch dieses Wort nicht hören möchten – das allerdings ohne zu schimpfen und möglichst ohne großes Trara. Ich will jetzt nicht idealisieren, aber ich glaube: Es hat gewirkt! Und, ja – auch beim (mittlerweile) Großen haben Mr. Sprachpolizist junior und ich halbwegs saubere Arbeit geleistet. Er sagt schön danke und sagt schön bitte und das sogar in tadellosem Hochdeutsch.

Sprache ist für mich das Mittel, sich zu öffnen – in jede Richtung. Ich halte also nichts von elitär gefärbter Prägung, weil man dadurch zwangsweise Mauern baut, die sich nur schwer wieder niederreißen lassen. Sprache deckt, oft einmal ganz brutal, Brüche und Gräben auf. Sie macht Unterschiede, die spürbar werden. Sprache kann unbarmherzig klassifizieren und kategorisieren – und zwar ohne, dass sich da einer noch die Mühe nehmen möchte, dahinter zu blicken. Oder hinein. Ich weiß das nur allzu gut. Meine Eltern waren keine Sprachpolizisten, die waren aus dem Herzen Ottakrings, dem Wiener Arbeiterbezirk. Ich wuchs folglich zweisprachig auf. In der Schule lehrte man mich Hochdeutsch, daheim – und in meiner unmittelbaren Umgebung – saugte ich die vielen Spielarten des Wienerischen auf. Von ganz tief und ordinär bis herzig, bis gekünstelt. Noch heute bin ich dieses Slangs mächtig. Ich wusste, dass das, was meine Mutter als Braten in den Ofen schob, eine „Antn" sein konnte, aber auch eine „Ente". Je nach Bedarf changierte ich die Färbung und jonglierte mit Synonymen herum – beim Arzt formulierte ich in perfektem Hochdeutsch, bei der Bassena färbte ich alles in patzweichen Slang. Noch heute kann ich ein *Geh-scheißn* dermaßen gossenartig in einen Raum plumpsen lassen, dass sich die

Menschen darin in einem Vorstadt-Puff wähnten. Ich lernte früh, die Kraft der Sprache zu erkennen – und ihr Manipulationspotenzial. Ich lernte, das Gegenüber so einzuschätzen, dass ich ihm auf der Ebene seiner Ausdrucksweise und -kraft begegnen konnte. Das kann mitunter Brücken bauen, wo vorher keine waren.

Ein paar kleine Fehler und Schwächen haben sich in diesem meinem Sprachkosmos eingeschlichen. Ich weiß bis heute nicht wirklich genau: der oder das Knödel. Schande? Für eine Journalistin: oh ja, irgendwie schon. Aber immerhin kann ich mit dem Handwerker so reden, dass er sich verstanden fühlt. Und angenommen. Meine Art, mit ihm zu reden, schafft Nähe – anstatt von Anfang an eine klare Distanz zu schaffen: Ich schaff an, du machst, das lass ich dich mit jedem Satz spüren. Da geht's nicht um der oder das Knödel, sondern eher darum, ob's schmeckt.

Ich glaube, das ist das, was Kindern mitgegeben werden muss. Im Haus der Sprache wohnen wir alle – über Sprache kommen wir einander näher, aber Sprache fungiert auch als Aushängeschild dessen, was und wer wir sind. Im Musical *My Fair Lady* (Bernard Shaws Pygmalion) bricht Eliza unter der Last des (sprachlichen) Übens fast in Tränen aus. Higgins, der Professor, versucht sie wieder zu ermuntern – etwa so: „Ich weiß, dass du müde bist, ich weiß, dass dein Kopf schmerzt, ich weiß auch, dass deine Nerven bloß liegen. Aber bedenke, womit du es zu tun hast: mit der Majestät und Großartigkeit der Sprache. Die größte Gabe, die Gott uns gegeben hat. Ohne sie würden wir das Herz unseres Nächsten nicht erreichen. Wir würden keine gemeinsame Welt bewohnen. Wir wären eingeschlossen in unserem armseligen Selbst und würden als einsame Tiere eine öde Welt durchstreifen. Erst diese geheimnisvolle Mischung aus Lauten hat die Fähigkeit, uns eine Welt aus Sinn und Bedeutung zu schaffen. Diese Welt sollst du erobern."

Warum darf ich nicht Oida sagen? Kind, du darfst ja – von mir aus. Aber sei dir all dessen bewusst, was du sagst, wann du es sagst, wie du es sagst und weshalb du es sagst. Sprache ist wie ein Haus mit vielen Zimmern und Türen. Der Jargon lebt im Keller, das Hochdeutsch im Salon. Du kannst deinen Aufenthaltsort in diesem Haus wählen, umherziehen, dich niederlassen, mit Identitäten und Rollenbildern spielen. Lebe also die Nuancen der Sprache – ihre große, verbindende Bandbreite. Das macht aus uns Menschen. Worte sind Vehikel zur Seele. Wer sich ausdrücken kann, wer gelernt hat, auf Basis der Eigenwahrnehmung Gemütszuständen ein Gesicht zu verleihen, wird sich immer leichter tun als der Sprachlose, dessen Innenwelten für Mitmenschen unzugänglich bleiben. Das macht einsam, aber Worte bauen Brücken. Auch Oida, wenn's denn sein muss.

Warum darf ich nicht Oida sagen?

Die Sprache ist natürlich im ersten Moment immer ein Hindernis für die Verständigung. (Marcel Marceau)

Es gibt viele Geräusche, die für das Ohr in höchstem Maß unangenehm sind. Um die Kurve quietschende Straßenbahnen, Bohrer jeglicher Größe und Funktion oder 12-Uhr-Mittagssirenen in ländlichen Regionen gehören dazu. Die für die menschliche Wahrnehmung unangenehmsten Laute von allen sind im Übrigen gemäß einer großen Studie jene speibender Menschen – aber das nur so nebenbei.

Natürlich hat jedes Individuum seine ganz persönliche Rangliste schmerzvoller Erfahrungen. Für mich zum Beispiel sind die Töne einer Blockflöte, die speziell von Musik erziehenden Eltern irrtümlicherweise gern in die Kategorie Klang eingeordnet werden, nahe an der Unerträglichkeit.

Oder, was kein Spaß, sondern bitterer Ernst ist, die Verwendung einer speziellen Sprache. Das Schöne an einem Urlaub in Italien oder Spanien ist, dass man Italienisch oder Spanisch zu hören bekommt, das aber nicht sehr differenziert. Ein italienischer Dumpfgummi

hört sich in der Verwendung seiner Worte in unseren Ohren nicht anders an als ein italienischer Schöngeist.
Im Unterschied zum Check-In-Schalter der AUA, wo man nach der zwischenzeitlichen Akklimatisierung an die spanische Sprechmelodie beispielsweise in der Heimflug-Schlange steht und plötzlich wieder vernimmt: „Na leiwand, die Scheiß-Woaterei hob i scho g'fressn." Die Rückkehr in die vertraute Sprachheimat, auch die kann so verdammt wehtun.
Und wenn dann eines Abends die eigene Tochter plötzlich und ohne jede Vorwarnung ein einzigartig derbes „Ooooiiidaaa" über ihre kindlichen Lippen perlen lässt, dann richten sich in Sekundenschnelle alle zur Verfügung stehenden Nackenhaare auf – die Sprache als Martyrium, der Klang der Worte als Dolchstoß mitten in das ungeschützte Herz der sanften Melodie.
Der, die oder das Oida ist der Ausdruck von Missmut und Widerstand: „So, und jetzt ab ins Bett." – „Ooooiiidaaa." Der Frage nachzugehen, wo sich allenfalls die Quelle des verbalen Kleinods befindet, das wie aus heiterem Himmel plötzlich durch unseren Haushalt sprudelt, ist müßig. Klar ist nur: Nicht daheim. Denn weder gellt durch unser Domizil mein Ausruf „Oida, schon wieder eine Glühbirne hin", noch umarmt mich meine Frau, um mir zärtlich ins Ohr zu hauchen: „Heute schieb' ich einen Schweinsbraten ins Rohr, Oida, was sagst?"

Auch die TV-Variante als möglicher Oida-Hort fällt aus, weil sich das liebe Kind zwar mit präpubertärer Vorliebe an der Eloquenz einer coolen, krassen, abgefahrenen Hannah Montana delektiert, aber an der 43. Wiederholung von Edmund Sackbauers Tiraden noch kein Interesse zeigt. Und das freundschaftliche Umfeld scheint genauso keine Erklärung für die Nackenhaar-Provokation, weil mir in ebendiesem eine Sprache in Erinnerung ist, die ich als gepflegt bezeichnen würde, also absolut Oida-frei.

Nun ist es aber so, dass meine Tochter auf meinen Einwurf, sie möge ihr Vokabular diesbezüglich mir zu Liebe überdenken, bestenfalls mit totalem Unverständnis reagiert – „Ooooiiidaaa, warum darf ich nicht Ooooiiidaaa sagen?" Denn in ihren Ohren weckt dieser Ausruf keinesfalls die Assoziation mit einem mordsmäßig alkoholisierten Wirtshaushaberer aus den Tiefen der Großstadt. Für sie ist Oida nicht mehr oder weniger schlimm als beispielsweise Schlumpf, Dodel oder Bonvivant. Ein Wort halt. So, wie sie einst den Ausdruck „ficken" durch die Räume brüllte, ehe ich ihr erklärte, dass die Verwendung eines Synonyms für diese Art menschlicher Tätigkeit durchaus angebracht sei. Seitdem findet sie, dass jemand, der ficken sagt, pervers ist. Und dabei kann man es vorerst einmal belassen.

Wer aber 71 Mal am Tag „Oida" sagt, dem fällt es naturgemäß schwer, das wenigstens in elterlicher Anwesenheit

zu vermeiden. Mehr noch, als der Fernsehsender ORF unlängst seinen Kulturauftrag wieder einmal dahingehend interpretierte, dass er die wasweißichwievielte Casting-Show ins Programm hievte. Und damit einem Lied, das von einem jungen Oberösterreicher erschaffen worden ist, zu öffentlicher Ehre verhalf. Der junge Mann wirbelte über die Bühne und sang in einem fort: „Oida, taunz." Das tat er offenbar so partymäßig, dass sich der Kracher dank tausender Downloads in Windeseile zur Nummer eins der österreichischen Hitparade entwickelte.
Und plötzlich war Oida offizielle Amtssprache für all jene, die ihren Alltag rocken wollten. Ich sprach dennoch ein dezidiertes Auftrittsverbot für Oida-Attitüden jeder Art aus.
Und so trug es sich zu, dass meine Tochter zwar regelmäßig „Ooooiii …" ausstieß, in Bruchteilen von Sekunden aber vom Wissen eingeholt wurde, dem Hausfrieden zu Liebe kein „… daaa" folgen zu lassen. Folglich wurde ihr genau dieses Fragment zum am besten geeigneten Ausdruck von Missfallen. „Du musst noch die Mathe-Hausübung machen." – „Ooooiii." – „Ich muss heute länger im Büro bleiben." – „Ooooiii."
Dem Schmerz tut das freilich keinen Abbruch, es ist nur so, dass ich kein schlagendes Argument finde, warum genau „Ooooiii" auf dem Familien-Index der verbotenen Wörter sein soll.
Es endete mit einem ganz persönlichen Appell: „Sag es

bitte nicht. Das wäre ein kleines Zeichen, dass du mich richtig lieb hast."

Und siehe da, das hat tatsächlich gewirkt. Die Oida-Ära nahm ein rühmliches Ende.

Währenddessen ich bei einem Wort nicht einmal mit dem charmantesten aller mir möglichen Augenaufschläge Erfolg in Aussicht habe: Ur ist unbesiegbar. Ur ist sogar immun gegen ein Schokolade-Embargo. Ur ist Ur, bleibt Ur. Urcool, urarg, urunnötig. Zwei Buchstaben, die einen dem Wahnsinn zumindest ein Stück näher bringen. Dabei erinnere ich mich schemenhaft an meine eigene Jugend, als mir mein Vater entgegenschleuderte: „Ich schwöre es dir – für jedes Ur fünf Schilling weniger Taschengeld."

Das bedeutet, auch ich habe mich leidenschaftlich dieser Präposition bedient, weiß aber bis heute nicht, wie sie sich einst in meinem Sprachschatz so epidemisch entwickeln konnte. Das bedeutet weiters: Das in jeder Jugendsprache völlig unvermittelte Auftauchen von Ur bleibt das größte Rätsel seit … na klar … seit dem Urknall.

Aber damit nicht genug. Meine Tochter und deren Freundinnen haben dem vorangestellten *ur* (wie urpeinlich oder urtoll) eine Facette hinzugefügt, die ein mildes Überhören endgültig unmöglich macht. Denn das junge Damenvolk begnügt sich längst nicht mehr mit der Klassifizierung eines urcoolen Outfits. Stattdessen wird frohlockt: „Du hast ur das coole Outfit." Und das ist noch harmlos, zumal man auch „echt ur das coole Outfit", wenn nicht im Idealfall sogar „echt total ur das coole Outfit" besitzen kann. Ehrlich, mehr No-go geht in meinen Ohren nicht.

Aber wer sich wie ich mitunter mit psychologischen Eltern-Kind-Studien beschäftigt und in gleichem Maße seiner Frau zuhört, die sich mit dem Erstgeborenen schon einmal in so einer Phase befunden (und sie irgendwann einmal auch erfolgreich abgeschlossen) hat, der weiß: Hier ist das Erdulden gefragt.

Nicht zielführend ist jedenfalls die sprachliche Assimilation, also das Einstimmen in den urigen Alltag. Denn wer glaubt, dass Aufforderungen wie „Bravo, urgute Mathe-Hausübung" oder „Du gehst jetzt bitte ur ins Bett" zum Effekt der Erkenntnis und in weiterer Folge zur Entwöhnung führen könnten, der irrt. Ein Papa, der jugendlich fesch „ur" sagt, ist bestenfalls „urlächerlich", bei extrem kritischer Betrachtung sogar ein „Urschleimer". Da verhält es sich nicht anders, als in jenen Situationen, in denen Eltern glauben, sie könnten den enervierenden Musikgeschmack der lieben Kleinen in andere (zumindest leisere) Bahnen lenken, indem sie solidarisch erklären: „Hör deine Lady Gaga doch bei uns im Wohnzimmer, weil die ist auch für Papi und Mami echt total ur der Burner."

Ärgerlich dabei ist nur, warum man sich im Bewusstsein der elterlichen Vorbildwirkung jahrelang jeden emotionalen Ausbruch im Stil von „Vergiss ihn, der is ein Riesenoaschloch" verkneift, weil: Schön sprechen, die Kinder! Also formuliert man lieber in kontrollierter Erregung: „Vergiss ihn, der ist ein mit Leichtigkeit aus unserem Leben auszublendender Tunichtgut."

Wozu tut man das? Irgendwann schleppt das Kind ohnedies Juwelen wie „Schas, Oida" oder „verdammter Scheißdreck" nach Hause. Es gibt eben Schmerzen, mit denen man sich arrangieren muss. Und tröstlich ist es immerhin: Ein Oida ist noch lange keine Blockflöte.

Ist der Papa jetzt die Mama?

Übrigens:
Auch Väter haben Mutterwitz.
(Kalenderspruch)

Es war so ausgemacht, das war der Deal. Die Entscheidung, ein zweites Kind in die Welt zu setzen, konnte ich nur unter der Garantie treffen, dass der neue Mann keine halben Sachen zu machen gedenkt. Punkto Gewinn- und Verlustbeteiligung am Nachwuchs nämlich. Monsieur nur das Vergnügen und Madame nur die Zores – aber garantiert nicht! So mies kann das weibliche Karma gar nicht sein.

Das war mir nämlich klar: Nie mehr wieder wollte ich – daheim Kind, Haustier und Haushalt solo schupfend – nur noch auf die Wiederkunft des Gnädigsten warten müssen. Auf dass mir der gute Mann abends eine larmoyante Suada seiner Tages-Erlebnisse beim knallharten Broterwerb in die Herzkammern des schlechten Gewissens platzieren möge. Um schließlich zwei, drei

Teilzeit-Gulli-Gullis beim Nachwuchs fallen zu lassen und danach sogleich übergangslos im Fernsehsessel von der Lebenslast gezeichnet zu entschlummern. Die kaum überspürbare Botschaft des ganzen Ritus: „Herzchen, während ich mich da draußen im Kampf um unsere Existenz alt, siech und impotent rackere, lungerst du im Park herum und schaust unserem Mister Mini entspannt beim Wachsen zu. Vorher und nachher gibst du dabei auch noch mein Geld aus." Das alles womöglich garniert mit einer dominanten Schwiegermama, die das Thema „Hotel Mama" nahtlos auf die neue Schwiegertochter projiziert. Und der folglich partout nicht in den Kopf gehen mag, dass es heutzutage tatsächlich schon Frauen gibt, die auf die Reinigung der Herrenschuhe pfeifen und die Meinung wagen, jeder solle sich seine Treter doch selbst polieren. Dankeschön, das hatte ich alles schon – und dazu: Verständnislosigkeit, Vorwürfe, Ignoranz und Einsamkeit. Sowie, oh ja!, ein Souvenir: in Form einer vollautomatischen Schuhputzmaschine. Das höchst persönliche Geburtstagsgeschenk der Ex-Schwiegermama. Ich formuliere es nobel: So etwas vergisst eine Frau niemals.
Daher war dieser, mein neuer, mein zweiter Mann besonders gefordert, die Geschlechterrollen in ihrer zementierten Form mit der Kraft seiner Liebe aushebeln zu wollen. Denn was die Vermehrung betrifft: Ich musste ja nicht mehr. Ich hatte ja schon. Mein Kinderwunsch-

trieb war aufgrund meiner Solo-Performance in Sachen Aufzucht eines prächtigen Kerls zur Gänze befriedigt. Die Vorstellung, die Wiederholungsschleife anzuwerfen und erneut wie ein einsamer Helikopter über die weite, einsame Prärie namens Mutterschaft zu kreisen: schrecklich! Also sagte ich: „Baby – ja, aber auf Co. Fifty-fifty. Ich ein Jahr daheim, du ein Jahr daheim. Ich schiebe den Kinderwagen, du schiebst den Kinderwagen. Ich füttere, du fütterst. Ich steh nachts auf, du stehst nachts auf." Er willigte ein. Und zwar: begeistert.

Ich glaube ja, Michael, der Jüngere, hatte seinerzeit null Ahnung, welches Projekt er da im Eifer der Fortpflanzungslust sanktionierte. Denn selbstverständlich war seine Vorstellungskraft die Mühen des Kinderhabens betreffend mangels eigener Erfahrungen begrenzt. Und was auf einen Mann, der nicht nur Papa, sondern auch Mama sein möchte, alles zukommen wird – davon hatte er vermutlich keinen blassen Schimmer. Wo er doch auch in seiner Kindheit das Strickmuster: „Der Papa wird's schon richten, aber die Mama ist die, die es umsetzt" erleben durfte. So ein internalisiertes Bild macht naiv bis sorglos: Die Spermien sind rasch platziert, die Folgen dieser Platzierung will oder kann sich keiner konkret ausmalen. Was es in der Praxis bedeutet, einen kleinen Menschen die ersten drei Jahre zu begleiten, ahnt keiner: Dieses Dreimal-pro-Nacht-aus-dem-Koma-gezwungenwerden, dieser Rund-um-die-Uhr-Alarmzustand, dieses

selbstlose Sein – nein, das kann sich nicht einmal ein Mensch mit der Fantasie eines Steven Spielberg zusammenreimen. Das muss man schon erlebt haben. Also rasseln die meisten Erziehungsberechtigten – Frauen und Männer – blauäugig in die Misere namens Wunschkind. Auch er rasselte – aber hallo. Nur so ist zu erklären, weshalb er dermaßen elanisiert in das väterliche Karenzjahr geplumpst ist.
Okay, vielleicht auch, um der Welt da draußen zu demonstrieren: Ich bin dieser eine von wenigen. Dieses Wunder. Ich bin so einer, zu dem die Journalisten kommen, wenn man einen Vorzeige-Trottel braucht, um das Thema Karenz-Väter mit öffentlichkeitswirksamer Authentizität anzureichern. So einer, der sich am Pürieren von Bio-Karotten versucht und auch noch milde lächelnd danke säuselt, wenn er vom Putzili angespuckt wird. So einer, dem alle ins Gesicht heucheln, wie super sie es nicht finden, dass er sich für diese Ausnahmesituation entschieden hat. Aber danach, hinter vorgehaltener Hand, witzeln: So deppert muss man einmal sein!
Ich könnte mir ja durchaus vorstellen, dass in seinem Kopf alles anders ausgesehen hat. Dass er von Nachmittagen am Spielplatz geträumt hat – optisch fein garniert mit Damen, die sich um ihn, die Rarität, scharen werden wie Kunstkenner um ein verschollen geglaubtes Fabergé-Ei. Als Inkarnation ihrer eigenen Sehnsüchte, eine Art Robin Hood der Frauenbewegung – obwohl?

So richtig anerkannt ist ja der Typus „karenzierter Vater" nicht einmal bei den Frauen. Solche Exemplare werden zwar gern beäugt wie frisch geschlüpfte Jungtiere im Schönbrunner Tiergarten, aber dann doch in gewissen Kreisen als Lulus gehandelt, die wider die Natur handeln. Warmduscher, Beckenrandschwimmer, Unkrautzupfer. Eine komische, rare Spezies, hochinteressant, aber: flüchtige, nicht ernst zu nehmende Modeerscheinung. Männer mit seltsamen Attitüden und Latzhosen im Kasten. Karenzierte Väter sind komischerweise gerade deshalb gern gesehene Partygäste. Man lädt so einen als politisch korrektes Accessoire ein, das polarisiert und die Gäste nicht in ihren üblichen Smalltalk herumsumpern lässt. Er ist dann wie das Ökopickerl auf einem Teakholzsessel, für den ein Quadratmeter Regenwald sterben musste. Er poliert die Oberfläche einer auf Oberflächlichkeit und Funktionalität getrimmten Party auf. Er ist die Salatgarnitur zum Steak. Das Tüpfelchen auf dem I der Ignoranz. Als Clown in der Manege wird er durch den Abend gereicht. „Oh, echt – das tun Sie sich an, mein Lieber? Wirklich bewundernswert. Erzählen Sie doch mal ein bisschen, wie das kam. Und wie das denn jetzt so ist. Prösterchen!"

Aber das alles kann egal sein. Es ist völlig gleichgültig, was die, die sich *Gesellschaft* schimpfen, als gesellschaftsfähig erklären. Die Väterkarenz ist es leider immer noch nicht. Etwas für eigenartige Feinschmecker. Weicheiertum.

Schön blöd. Denn in Wirklichkeit ist die Väterkarenz etwas Wunderbares, Einzigartiges, Nachahmenswertes. Einen Mann zu haben, dessen Kind tatsächlich die Frage stellen kann, ob der Papa jetzt die Mama ist oder – umgekehrt – die Mama der Papa, kann als Glücksfall gefeiert werden. Von allen Beteiligten nämlich.
Denn meist ist es doch so, dass stets die Mama herhalten muss, wenn es Zores gibt. Der Vater darf sich rühmen, dass das Kind die Farbe seiner Augen hat, so frech, so g'scheit, so pfiffig ist wie er: Doch wenn es darum geht, die Karottenkotze aufzuwischen und dem Kind in ruinöser Haltung die ersten Schritte beizubringen, oh ja: da muss schon Mutti ran. Das Kind weint: Mamaaa! Das Kind hat in die Windel geschissen: Mamaaa! Das Kind hat sich blutig geschlagen: Mamaaa! Daneben sitzt der Samenspender, schaut kurz von der aktuellen Lektüre auf und fragt der Form halber: „Oh, kann ich was helfen?" Selbst wenn er dann tatsächlich Hand ans Kind anlegt – es wird damit enden: Mamaaa!
Das alles löst sich auf, wenn beide anpacken. Und das Kind erfahren darf, dass es nicht nur einen Troubleshooter und Familientrottel in seinem Leben gibt, sondern zwei. Für den Nachwuchs wird es dann selbstverständlich, dass Papa tut, was Mama macht. Das Schöne daran: Er tut es auf seine Art – ja, okay, vielleicht ist Papa dann auch ein bisschen Mama. Doch er wird vor allem als Mann darin gut sein, diesem Kind zu geben, was es

braucht. Das ist einzigartig, eine neue, dritte und immens wichtige Dimension – in der Gefühls- und Erlebniswelt des Nachwuchses. Aber auch im Liebeskosmos zweier Menschen, die sich immerhin gemeinsam dazu entschlossen haben sich fortzupflanzen.

Außerdem schmeckt Papas Karottengatsch sowieso viel besser.

Ist der Papa jetzt die Mama?

Alles zu beleben ist der Zweck des Lebens. (Novalis)

Ich hätte alles getan, wenn meine Frau es von mir verlangt hätte. Ich hätte den weltgrößten Paradeiserauflauf mit einem Teelöffel aufgegessen, alle Folgen von *Bauer sucht Frau* ohne Unterbrechung angesehen oder zu Freejazz-Takten einen Nordic-Walking-Kurs belegt.

Aber ich wollte unbedingt ein Kind, unbedingt das Abenteuer Vaterschaft in Angriff nehmen. Aufgabenstellung Nummer eins war dabei: Wer weiß, ob meine Frau überhaupt von mir schwanger wird? Diesbezüglich hatte ich ein gutes Gefühl, weil ich mit dem Schicksal irgendwann einmal ausgemacht habe, dass die Hängematte auf der Butterseite des Lebens für mich reserviert ist. Aufgabenstellung Nummer zwei war eine Bedingung: Karenz!

Gaby zögerte keine Sekunde, um mir zu verstehen zu geben, dass die Aufzucht eines potenziellen Nachwuchses ganz sicher nicht ein Fall für Mamis Erfahrungsschatz werden dürfte, während ich meinen Liebling am Wochenende nur als Trophäe auf den Schultern durch die verzückt johlende Menge trage, um meine stolze

Verbundenheit mit dem genetischen Meisterwerk zu demonstrieren. Kein Thema. Denn in Wahrheit musste sie mich nie zum Kinderjahr überreden. Ich wollte das ohnedies. Viel weniger aus Rücksicht auf meine Frau, vielmehr als Drang im Sinn jener Verantwortung, wie ich sie empfinde, die bestmögliche Symbiose zu schaffen. So wurde ich Augenzeuge der Geburt, zittriger Nabelschnurkapper und Wickler vom ersten Tag an.

Und ich kann behaupten, dass sich in rasender Geschwindigkeit eine bedingungslose Liebe zu meiner Tochter entwickelte.

Im April 2001 war es soweit. Meine Karenzzeit konnte beginnen. Und sie begann mit Selbstmitleid. Denn in mir reifte die Gewissheit, dass es Gaby im ersten Jahr viel, viel leichter hatte. Da lag das Baby nur herum, nuckelte bisweilen am Busen und schlief die meiste Zeit. Während es im zweiten Jahr, also meinem, partout nicht mehr liegen und krabbeln, sondern gehen und entdecken, wenig schlafen und frisch Gekochtes konsumieren wollte (oder auch nicht).

Es ist daher wenig verwunderlich, dass sich bei mir ziemlich rasch ein Gefühl der Überforderung einstellte. Anders wäre die erste Hämorrhoide meines Lebens kaum erklärbar gewesen. Die Homöopathin, selbst dreifache Mutter, lächelte, wie nur eine Frau lächelt, die mir nonverbal zu verstehen geben will: Geh, da schaust. Sich um ein Kind zu kümmern, ist kein Kinderspiel. Sie diagnostizierte in meinem Fall eine Überdosis Druck – und sie heilte mich.

Von nun an war ich gewissermaßen eine Mami, die noch dazu wieder schmerzfrei sitzen konnte. Eine Mami, weil es in unserer Gesellschaft noch immer Usus ist, dass sich im besten Fall nur jeder zwanzigste Vater in der Rolle des Karenz-Kasperls beweisen will oder kann. Ich lernte in diesem Jahr vor allem, dass es keinen Job auf dieser Welt geben kann, der anstrengender und verantwortungsvoller ist als jener des Hausmanns. Das vergrößert den Respekt vor allen Müttern, deren Full-Time-Engagement nicht nur ohne Gage, sondern vor allem oft ohne Anerkennung abläuft. Das vergrößert aber auch die Wut vor Ignoranten. Einmal las ich einen Zeitungskommentar, dessen Autor jungen Frauen die Empfehlung gab, neben ihrem mütterlich trägen Einerlei ein Fernstudium via Computer zu absolvieren. Der Text war auf verblüffende Weise verräterisch. Denn an den formulierten Details war gut zu erkennen, dass der Mann nicht eine Woche seines Lebens mit einem Kleinkind allein war.

Ich war also plötzlich auf mich gestellt, musste lernen, mit der Herausforderung Tochter zu leben. Ich wuzelte mich mit dem Kinderwagen durch den Bio-Supermarkt, stets auf der umständlichen Suche nach Nahrungsmitteln, die ich selbst niemals zu mir nehmen würde. Ich hielt Ausschau nach Karotten, Broccoli oder Kohlrabi und schaffte es anfangs kaum, eine Verkäuferin in Anbetracht meines männlichen Wesens ohne Errötung zu fragen, wo genau ich denn Hirse finden könnte. Zwischenzeitlich konfrontierte ich das liebe Kind mit Sätzen wie: „Ich bitte dich mit all meiner Liebe, hör auf, so laut zu raunzen, für mich ist der Slalom zwischen Lauchstangen und Dinkelbergen auch nicht jenes sportliche Vergnügen, von dem ich immer geträumt habe." Interessanterweise verstummte meine Tochter nicht.

Ich musste lernen zu deuten. Was ist los mit dem Kind? Zu kalt? Zu warm? Hungrig? Durstig? Oder nur schlecht gelaunt? Dieses Einfühlungsvermögen bedeutete lange puren Stress, ehe es zur Routine wurde. So wie die Tatsache, eine Zeitung niemals in Ruhe lesen, einen Klogang niemals in Ruhe beenden, einen Kochvorgang niemals störungsfrei absolvieren zu können. Die alltägliche Entdeckungsreise des Kindes war einerseits voller Gefahren, andererseits von der Monotonie der eigenen Sprache geprägt. Mein Wortschatz pendelte sich irgendwo ein zwischen „Ja, was ist denn das?" und „Nein, das darfst du nicht haben", zwischen „Magst du einen Erbsenreis?" und „Ui, riech ich da ein Gacki?", zwischen Hihihi, Uiuiui und Lalala. Ihr Buntstift war ein „Bupa", ihr Schmetterling ein „Metting", ihr Löwe ein „Lebel", ihr „Örre" ein Fingerzeig für alles. Ich lauschte und reflektierte so lang und so intensiv, bis ich irgendwann zu meiner Mutter am Telefon sagte, dass ich am Vorabend eine Universum-Doku über Lebels gesehen habe.

Ich fühlte von Monat zu Monat mehr meine zunehmende soziale Isolation, meine sprachliche Verwahrlosung, mein rituelles Korsett. Abend für Abend sehnte ich den Augenblick herbei, da meine Frau bei der Tür hereinkam, um mit mir zumindest eine kurze Zeit lang in einer verständlichen und geistig fordernden Sprache zu kommunizieren. Ehe sie selbst in das Reich von Hihihi, Uiuiui und Lalala eintauchte.

Ich brachte Ziegenmilch mit Honig auf Trinktemperatur, wusch den Kinderkopf nicht ohne dazu gehörendes Kinderbrüllen und verpackte das Juwel schweißgebadet in Strumpfhosen, Pullover und Skianzug, ehe es fertig angezogen ein Lulu anmeldete. Ich stopfte inaktive Kinderfinger in Handschuhe, drehte 53 Mal am Tag an jenem Rad, das die immer gleiche Musik garantierte, klopfte nach jeder Mahlzeit gefühlte Stunden auf den Tochter-Rücken, ehe das ersehnte Bäuerchen endlich vernehmbar war. Ich entfernte Fingerfarben von der Wand, Bleistifte aus dem CD-Player und Marmelademassen aus dem Gesicht. Ich war stets bei ihr und deshalb nie bei mir.

Aber ich liebte es.

Vor allem unsere beinahe täglichen Ausflüge in den Park. Die jedoch niemals stattfinden konnten, ohne dass ich vorher meinen Tascheninhalt kontrollierte wie ein Alpinist vor seinem Gipfelsturm auf den Nanga Parbat. Essen, Trinken, Windeln, Tücher, Hauben, Reservehose, Reservepulli, Sandspielzeug, und natürlich die Muhkuh,

die meiner Tochter so heilig war, als wäre sie im hinduistischen Glauben erzogen worden.
Leider ist es auch im Park nicht so, dass ein Kind dieses Alters im Sand Platz nimmt, um dort stundenlang Sandhäufchen zu errichten, Spuren zu erschaffen oder mit anderen Kindern spielerisch zu einer verschworenen Windel-Fraktion zusammenzuwachsen. Daher habe ich auch relativ bald eingesehen, dass ein mitgeführtes Buch nicht mehr als Ballast in der ohnehin schweren Tasche ist. Abwechslung ist das Gebot. Hutschen, schaukeln, rutschen, nichts davon ohne helfende Hände – Erschöpfung leicht und schnell gemacht.
So gab es nur wenige Pausen, in denen ich mich auf eine Bank niederlassen konnte, um festzustellen, dass ich noch nie von so vielen Frauen gleichzeitig umgeben gewesen bin, ohne es tatsächlich zu bemerken. Aber in den wenigen Gesprächen konnte ich zumindest zufrieden zahlreiche Ooohs und Aaahs ernten. Die Auskunft über mein Karenzdasein erzeugte einerseits Bewunderung, andererseits Mitleid. Denn ich konnte mich des Eindrucks nicht erwehren, dass jene große Last, die in nahezu allen Fällen auf den mütterlichen Schultern ruht, Hand in Hand mit der Beantwortung der Kompetenz-Frage ging. In aller Kürze: Toll, dass ein Mann das macht, aber kann er das?
Daher bekam ich in diesem Jahr zwar aus familiären und freundschaftlichen Kreisen ein routinemäßiges Schulterklopfen für mein Herz und meine Bereitschaft, aber die

Skepsis, mein Exotentum betreffend, war im gleichen Maß spürbar. So groß ist der oft geäußerte Wunsch der weiblichen Gesellschaft nach männlichen Händen, die mit Feuereifer zur helfenden Tat schreiten, aber kaum ist es so weit, steht auch schon die Revierverletzung im Raum. Denn: Besser kann's doch die Mami. Daher ist der Gedanke vielleicht nicht ganz falsch, dass die Ooohs und Aaahs im Park zwar als Geschenk für einen fremden Mann flott überreicht sind, aber daheim soll's dann schon ein bisserl mehr richtiger Mann sein. Denn einer, der Karottenbrei zubereitet und Schlaflieder summt, ist möglicherweise auch einer, der seine Socken bügelt, einen eigenen Kräutergarten pflegt und kein Problem damit hat, während der Sternenarie in Tosca hemmungslos zu weinen.

Geweint habe ich dann tatsächlich. An jenem Tag nämlich, als ich meine Tochter erstmals für zwei Stunden in den Kindergarten brachte. Sie blickte aus dem Fenster, lächelte und winkte mir. Ich lächelte und winkte zurück, ehe ich mich umdrehte, um meinen Tränen ihre Freiheit zu schenken. Sie flossen, und es tat weh. Abschiedsschmerz, eine Ära ging zu Ende. Ein Jahr der vertrauten Hingabe und liebevollen Harmonie. Aber von diesem gemeinsamen Wachsen profitieren meine Tochter, ich und unsere Beziehung noch heute. Es war die wertvollste Erfahrung meines Lebens. Und ich würde sie jederzeit wieder so machen wollen.

Nur ohne Hämorrhoiden.

Sind meine T-Shirts schon gebügelt?

Hänschen klein, ging allein –
in die weite Welt hinein.
(beliebtes Kinderlied)

Möglicherweise gleitet diese Frage – philosophisch betrachtet – etwas ins Banale ab. Neben bisher so Bedeutungsvollem wie „Habt ihr euch noch lieb?" oder „Ist das jetzt mein neuer Papa?" wirkt dieses Ansinnen auf den ersten Blick ja fast wie das Luxus-Problem einer von Petitessen geplagten Elterngeneration. Wir sitzen in der Sonne und plappern lose dahin. Vor uns steirischer und sehr kalter Wein, Marillensaft vom Biobauern sowie kleine Häppchen vom teuersten Käsestand des Bezirks. Und weil uns nichts Tragenderes einfällt, reden wir über das Problemhafte an gebügelter beziehungsweise noch nicht gebügelter Wäsche. Und so.
Doch gehen wir einmal nicht vom Qualitativen aus, sondern beschäftigen uns mit Mengenlehre. Wer, wie ich, diese Frage pro Woche zwei Mal gestellt bekommt,

darf schon beunruhigt darüber nachdenken und die Fragerei in eine bedächtige Multiplikation umwandeln. So gesehen macht das 104 Mal „Sind meine T-Shirts schon gebügelt?" pro Jahr. Dazu addieren sich gefühlte 52 Mal „Wo sind meine schwarzen Sportsocken?", weitere gesicherte 117 Mal „Wann gibt's heute Abendessen?"
Wer die stellt? Dieser eine, der jüngere Herr im Haus. Der, der immer noch da ist, obwohl er eigentlich schon weg sein könnte. Und vielleicht sogar sollte, wie in vielen psychologischen Manifesten zum Thema *Hotel Mama* nachzulesen ist. Wir reden also vom Großen. Das ist der Sohn aus erster Ehe, und der ist Student. 23 Jahre alt. Er, und es sei vorausgeschickt, dass er der beste aller 23-jährigen Söhne ist, hat das, wonach ich mich an *Sind-meine-T-Shirts-schon-gebügelt*-Tagen ganz besonders sehne: Ein geräumiges Zimmer mit gesondertem Hauseingang und sehr fest versperrbarem Schloss. Dieses Zimmer gehört nur ihm, er kann sich nicht nur darin zurückziehen, sondern muss auch kaum damit rechnen, dass ihn jemand mit irgendwelchen Alltags-Ansinnen in seinem Sein stört. Der Herr Sohn will Physiker werden und muss lernen. Der Herr Sohn hat Kopfweh und muss sich zurückziehen. Der Herr Sohn hat also etwas, das ich auch gern hätte. Rückzugsmöglichkeiten vom Wahnsinn Familie und dazu stets ein Argument, etwas nicht tun zu müssen. In dieser sattsamen Gewissheit, dass dies nämlich eh andere für ihn tun.

Es ist elterlicher Humbug, sich mit seinen Töchtern und Söhnen zu vergleichen. Nichts schlimmer als die Bemerkung „Also, wie ich so alt war die du, da habe ich schon … da war ich … da bin ich …" Ich habe mich angewidert abgewendet, wenn meine Mutter anhob, mir auf ihren Erfahrungen basierende Empfehlungen für ein besseres Leben zu geben. Wozu auch? Andere Generationen, andere Problemstellungen. Doch wenn es nach ihr gegangen wäre, sollte ich mich noch heute dafür schämen müssen, dass sie an Hunger und Durst hat leiden müssen. Ja, Mutti, ich weiß, du hast deine Strümpfe in die Repassieranstalt gegeben, um sie vor dem ewigen Zerfall zu retten. Aber das ist verdammt lang her und jetzt gibt's das Zeugs um weniger als wenig. Und trotzdem begann sie immer wieder davon.

Aber ich weiß das mittlerweile aus eigener mütterlicher Praxis, manchmal geht das nicht anders. Es bricht aus dem Mamawesen heraus, weil es, kraft seiner überbordenden Lebensweisheit, alles doch irgendwie besser weiß. Und Mütter nicht an sich halten können, diese Weisheit, als sei sie Genmaterial, in den Nachwuchs zu implantieren. Also würde auch ich gern sagen: Guter Sohn, tu das, was auch ich in deinem Alter getan habe. Schreite mutig in die Welt hinaus, riskiere einen Blick und gefährde deinen Lebenskomfort.

Tu ich es? Tu ich nicht.

Obwohl ich ganzen Stolzes zu verkünden hätte: Nein,

es hat mir nicht geschadet, mit 18 vom einen in das andere Leben gestoßen worden zu sein. Es hat mir nicht geschadet, dass mein damaliger Freund, mit dem ich zusammengezogen bin, seiner Tradition gemäß sehr viele Sockenpaare mit sehr vielen Löchern zur Erledigung bei mir deponierte – mit der Bitte diese zu stopfen. Nicht, dass ich dem nachgekommen wäre. Aber: Ich musste mich zumindest mit den Konsequenzen meiner beharrlichen Verweigerung auseinandersetzen. Und, in diesem Kontext, mit der ganzen fiesen Welt samt ihren tausenden Anforderungen da draußen. Einer Welt, in der mir niemand das warme Kompott ans Bett brachte, wenn ich Halsweh hatte. In der es keine Naschlade gab, an der ich akute Süßhungerattacken stillen konnte, ohne dafür auch nur einen Groschen bezahlen zu müssen. In der ich Mist machen konnte, den andere für mich beseitigten.
Genau im Gegenentwurf zu dieser meiner Welt lebt mein Sohn. In dieser Welt ist alles da, was er braucht, um lang zu schlafen, stets gut gefüllte Kleiderschränke und Rasierschaum vorzufinden. Ich gönne ihm das – von ganzem Herzen. So wie ich ihm im Rahmen meiner in grenzenloser Mutterliebe praktizierten Wohlfühl-Pädagogik alles Gute und noch Bessere gönnte. Also auch den steten Zugriff auf prall gefüllte Naschladen und teuren Schinken aus der Toskana. Aber natürlich wird sogar eine Übermutter wie ich eines Tages des Übermutterseins müde bis satt. Man wähnt sich in einem Remake von

mittelprächtiger Qualität – gleicher Inhalt, andere, in dem Fall größere, angeblich erwachsenere – Protagonisten. Die es als Normalität empfinden, dass für sie gesorgt wird wie in einer Vollpension. Doch vermutlich rotiert in mir noch immer das internalisierte Bild von dem herzigen Buben, den man durch die Jahre fütterte, bemutterte, trug, herzte und liebte. Aber irgendwann ist es an der Zeit zu begreifen, dass all dies unwiderruflich von den Jahren gefressen und absorbiert wurde. Hier und jetzt ist dieser herzige Bub ein Mann geworden, der für sich zu stehen hat – in einer eigenen Wohnung.

Also sitzen wir regelmäßig alle da und bilanzieren. Irgendwas in ihm will ja raus und selbständig werden.

Der Rotstift wird flink gezückt, um die Fixeinnahmen gegen mögliche Ausgaben abzuwägen. Alle nicken bedächtig mit dem Kopf, denn es würde sich, irgendwie, ausgehen. Das Schlusswort habe dann doch ich gesprochen: Nein, geht sich nicht aus. Totaler Humbug, das mit dem Ausziehen. Aufschrei: „Wo du doch hier eh lebst wie ein junger Hund!“ Könnte es vielleicht doch sein, dass irgendwas in mir für die Straßenblockade auf seinem Weg zu Selbständigkeit sorgt?

Könnte schon sein. Ich bin ja ein unerschütterliches Muttertier, stets bedacht, das, was ich liebe, um mich zu scharen. Ich liebe kommunikative Abendessen-Runden mit meiner Familie und hasse gleichzeitig den immer wiederkehrenden Aufwand, der damit verbunden ist.

Außerdem besteht so ein biedermeierliches Beisammensein keineswegs aus glücksumrankten Szenen im Stile der Lieben Familie. Oft einmal dreht sich alles nur mehr um den Mist, den der Sohn – trotz ultimativer Geruchsbelästigung – weder wahrnimmt noch hinausträgt, weil er an Schnupfen und akuten Haltungsbeschwerden laboriert. Oft einmal zerbreche ich an der Tatsache, dass der junge Mann zwar eine englische Arbeit mit dem mystischen Titel *Magnetometry on quantum Hall systems: Thermodynamic energy gaps and the density of states distribution* liest wie ich einen Dreigroschenschund, aber beharrlich bei mir nachfragt, wo er das Pulver in die Waschmaschine hineintun muss. Oder: „Geht bunt auch mit 90 Grad?" Ich scheitere überdies wiederholt an dem Versuch, ihm nahezulegen, dass es doch höchst an der Zeit wäre, seine Mokkatässchen nach Gebrauch in den Geschirrspüler zu räumen. Wo es doch um Haltung geht – um die Haltung nämlich, Teil eines Teams zu sein, in dessen Regelwerk symbiotisches Schmarotzen keinen Platz hat.

Hotel Mama. Das klingt für mich wie eine Beleidigung und auch ein bisschen platt. Ich mag das nicht. Ich bin gern da und als Mutter offen, präsent, fürsorglich. Italienische oder spanische Verhältnisse – dort nämlich hält man den Rekord im Nesthockertum – brauche ich aber trotzdem nicht. Exzessiver Mamismo führt dort nämlich dazu, dass Männer jenseits der dreißig noch an Mutters

Rockzipfel hängen. Also was, wenn all das nicht aufhört und der zukünftige Physiker seinen Nobelpreis im Kinderzimmer feiert?
Doch dann tröste ich mich. Beide Kinder sind wie ich. Ich habe das Radfahren erst mit 13 Jahren gelernt, weil ich mich davor leidenschaftlich dagegen wehrte. Bei den Früchten meines Schoßes orte ich ähnliche Tendenzen. Töchterlein konnte lang nicht schwimmen, dann hatte sie's von einer Stunde auf die andere drauf. Der Sohn pflügte ebenso gemächlich in den Spuren der langsamen Mutter und tat Dinge erst dann, wenn die Zeit für ihn reif war. So betrachtet, wird es wohl geschehen, dass der Bub abends die Teller wieder einmal nicht weggeräumt hat, anderntags aber mit gepacktem Koffer und dem Schlüssel zur neuen WG in der Hand bye-bye winken wird. Sollte es nicht so sein, dann schreibe ich in sieben Jahren ein neues Buch mit dem Titel: *Als ich auszog, um das Alleinsein zu lernen.*

Keine Schuld ist dringender als die, Dank zu sagen.
(*Cicero*)

Es ist wahrlich nicht so, dass ich von meinen Eltern geknechtet worden wäre. Es war wohl eher das Gegenteil der Fall. Ich musste mir nie die Frage stellen, wie das Semmerl auf meinen Frühstückstisch, das gebügelte Leiberl in meinen Kasten oder das frische Laken in mein Bett gelangt ist. All das war so selbstverständlich wie meine traditionellen zwei bis fünf Mahnungen gegen Schulende. Dabei hätte es meine Mutter vermutlich als größten Beweis meiner Dankbarkeit erachtet, hätte ich nur einmal frohlockt: „Mami, du wirst stolz sein, aber diesmal ist es kein Dreier in Betragen, sondern ein Zweier." Ohja, wäre das so gewesen, würde sie mir vielleicht noch heute vor lauter Rührung die Salzstangerln liefern, obwohl ich längst zwei Bezirke weiter wohne.
Die wenigen von mir geforderten Dienstleistungen beschränkten sich auf gelegentliches Mistruntertragen (dabei galt es immerhin, ein ganzes Stockwerk inklusive stinkender Last zu überwinden) oder Kleidung aus der Putzerei abzuholen. Aber genau das hasste ich: Diese

Tonnen von Blusen und Hosen durch Wien-Neubau zu transportieren und dabei darauf zu achten, dass kein Teil zu Boden geht. Was gar nicht einfach war – denn der Kleiderberg, stets Stück für Stück in Plastikfolie gehüllt, ließ sich ohne entsprechenden Gleitschutz nie festhalten. Die Folie aber klebte auf meinem Gesicht. Das waren die Minuten, in denen ich mein Dasein im Familienverbund für einen tragischen Irrtum des Schicksals erachtete.
Derlei kleine Unterstützungen zu verweigern, wagte ich freilich nicht. Vor allem deshalb, weil ich die Konsequenzen fürchtete, die zum Beispiel hießen: „Ja, du darfst das Fußballmatch im Fernsehen anschauen, aber nur die erste Halbzeit." Die Höchststrafe für einen wie mich. Denn im Ernst: Gibt es eine herzlosere Maßnahme als die Ansage „Der Ball ist rund und ein Spiel dauert 45 Minuten"? Das ist schlimmer als gar nicht schauen zu dürfen.
Also eilte ich, um – aus meiner damaligen Sicht – solche Verstöße gegen die Menschenrechte eines Sohnes zu vermeiden, am Nachmittag durchaus einmal schnell um die Milch, und das meistens schon nach der dritten Aufforderung. Den Widerwillen muss man mir dennoch angesehen haben, anders hätte sich die Formulierung „Und du brauchst gar net das G'sicht verziehen" wohl kaum so in mein Hirn gebrannt, dass ich heute noch dessen Klang im Ohr habe. Und nicht einmal meine regelmäßigen Einwände, dass ich immerhin auch eine

Schwester hätte, waren von Erfolg gekrönt, weil die meistens „eh schon eingeteilt“ war. Und wenn es sich nur darum handelte, ihr Zimmer, auch „Saustall“ genannt, aufzuräumen.
Rückblickend kann ich also behaupten, dass auf meiner Seele keine nennenswerten Narben – hervorgerufen durch Schinderei im Haushalt – zu finden sind.
Mein Leben änderte sich jedoch schlagartig, als mir meine Eltern nach Ableistung des Präsenzdienstes die Gelegenheit boten, für ein Jahr ins Ausland zu übersiedeln. Holladaro, jubelte ich, als ich mir mein fesches Sein als Bonvivant in Barcelona ausmalte. Das hatte ich auch. Abgesehen von der Tatsache, dass sich die Geisterhände, die meine Wohnung in Schuss halten sollten, partout nicht einfinden wollten, so sehr ich auch gen Himmel flehte.
Folglich musste ich mich plötzlich mit zahllosen Fragen herumschlagen wie folgende: Woher kommen die komischen Streifen im WC, daheim sind mir die nie aufgefallen? Wie viel Faschiertes muss ich eigentlich kaufen, wenn ich Sugo für eine Person zubereiten will? Darf ich Socken und Jeans gemeinsam in der Waschmaschine waschen? Sieht nicht ein ungebügeltes Hemd auch irgendwie chic aus? Und: Wie viel Öl in die Pfanne? Wie viel Konzentrat in den Putzkübel? Und wie viele Tage darf ich die Bettwäsche benützen, ohne als Ungustl zu gelten? Beziehungsweise: Wo ist der zuständige Magis-

trat? Die nächste Post? Die richtige Bank? Im Stress um meine Haushaltstätigkeiten, die mich unerbittlich von den wirklich wichtigen Dingen im Leben abhielten, überlegte ich kurz, meine Eltern zu fragen, ob sie mir allenfalls einen Zuschuss für eine Reinigungshilfe gewähren würden. Ich verwarf den Plan jedoch rasch, weil ich die Reaktion („Bist du von allen guten Geistern verlassen, du fauler Schlampsack?“) rechtzeitig antizipierte. Es blieb mir demnach nichts anderes übrig, als Verantwortung zu übernehmen, die Ärmel hochzukrempeln und einen wesentlichen Schritt in die Welt des Erwachsenseins zu unternehmen. Und siehe da: Ich habe überlebt. Ich gebe zwar zu, dass ich bisweilen unter gleichzeitig stattfindender telefonischer Anleitung meiner Mutter am Püree herumdokterte (nämlich dann, wenn die unzähligen tiefgekühlten Schnitzel, die ich tatsächlich auf den Weg mitbekommen hatte, aufgebraucht waren), und dass der Begriff Heimweh bei mir weniger die Folge psychischer als vielmehr die einer handwerklichen Belastung gewesen ist, aber: Nach diesem Jahr war ich definitiv dem Nest entflogen.

Heute zitiere ich gern meine Mutter, die wiederum ihre Schwiegermutter zitiert, wenn sie sagt: „Ja, ja, es rächt sich alles im Leben.“ Was so viel bedeutet, dass jeder vergessene Mistsack, jeder nicht im Geschirrspüler verstaute Teller und jede Grimasse plötzlich in Gestalt des eigenen Kindes zum Spiegel der eigenen Weißglut wird. Dabei ist der Junior des Hauses zwar nicht – wie es so nett bezeichnet wird – mein leibhaftiger Sohn, am Verständnis für zelebrierte Inaktivität ändert das jedoch nicht das Geringste.

Der gute Bub ist jetzt 23 Jahre alt und fristet sein Studentendasein in unserer Wohnung. Das freilich tut er mit außergewöhnlicher Verve, von einem Bummler kann daher wahrlich nicht die Rede sein. Das Problem ist lediglich seine Annahme, die anstrengende Eroberung der Physik müsste ihn zwangsläufig von niederen Diensten, wie sie in einem Familienhaushalt anfallen, entbinden. Nicht einmal der Hinweis darauf, dass weder seine Mutter noch ich den lieben, langen Tag damit beschäftigt sind, irgendwie die viele Zeit totzuschlagen, scheint ihn zu irritieren. Denn, so seine Wahrnehmung: Wenn er bis spät in die Nacht über der mit Formeln besetzten Neuordnung der Welt grübelt, liegen wir schon längst entspannt im Bett. Von Träumen, wie wir sie zu dieser Zeit haben, könne ein Tausendsassa wie er nur träumen.

So kommt es also vor, dass sich ein ganz normaler Dienstag in meinem Leben so abspielt: Ich sitze, nachdem ich die Tochter des Hauses in die Schule geführt habe, ab acht Uhr im Büro, erledige rascher als sonst mein Tagwerk, weil ich um 15.30 Uhr schon wieder als Abholer für meine Kleine vor der Schule parke. Danach fahre ich mit ihr in den Supermarkt, kaufe sämtliche Ingredienzien für das gemeinsame Abendessen, ehe es nach Hause geht, wo die Hausübungen (ihre, also auch meine) warten. Um 18 Uhr muss sie dann im Karate-Kurs sein – also hin und wieder zurück, Essen vor- und zubereiten. Um 19 Uhr, Karate ist aus, die gleiche Auto-Tour (der Nachteil der Grünruhelage im Nirgendwo). Also zurück, essen servieren, sobald meine Frau eintrifft. In diesem rund vierstündigen Zeitraum ist auch der Lange daheim. Die meiste Zeit davon im Bett, weil sich schließlich die siebente Staffel von *Scrubs* nicht von allein anschaut. Das fällt in die Kategorie Kraftsammeln für die Nachtschicht, die mitunter natürlich auch in Pubs oder bei Partys stattfindet.

Und Woche für Woche warte ich auf den erlösenden Satz, als Resultat der Wahrnehmung eines überdurchschnittlich intelligenten Menschen: „Bevor du dich da jedes Mal abstrudelst, lass mich was kochen." Oder sensationell wäre auch: „Ich erspare dir die hängende Zunge und hol mein Schwesterlein." Oder die Krönung des irdischen Seins: „Überraschung, heute erledige ich Einkaufen, Kochen und die Fuhren."

Aber wer ein solches spontanes Engagement für möglich hält, der glaubt vermutlich auch an die Unbefleckte Empfängnis oder an ein sonntägiges Junior-Erwachen (samt trägem Herumschlurfen) vor 13 Uhr (wer hat eigentlich heute das Frühstück geholt? Ach, ja, das war ausnahmsweise ich!).

Stattdessen wird täglich um die abendlichen Spaziergänge mit dem Hund gefeilscht, weil mein junger Mitbewohner in dem Bewusstsein lebt, dass wir uns das brüderlich 50:50 aufteilen sollten. Dass sich das Einkauf-, Koch-, Wegräum- sowie jedes andere Tätigkeitsverhältnis im Zeichen der Familie bei salomonischen 95:5 zu meinen Ungunsten eingependelt hat, nimmt er nicht wahr, während er wortreich das Gassigehen im Novemberregen beklagt.

Und wenn es dann doch einmal zur Diskussion kommt, wird er nicht müde beim Aufzählen seiner aufopfernden Verrichtungen. Er nämlich hätte in jüngster Zeit den Rasen gemäht, Batterien besorgt, Nespresso-Kapseln bestellt, das Eisbär-Referat seiner Schwester ausgedruckt, den Geschirrspüler ausgeräumt, und, und, und. Dass dieser ganze Einsatz erst möglich wurde, nachdem seine Mutter und ich Bittgesuche im Stakkato-Takt eingereicht hatten, kommt dabei eher nicht zur Sprache.

Und erst recht nicht, dass er zwar artig Meldung macht, wenn das Hundefutter aus ist, aber mit Sicherheit nicht einmal im Angesicht eines von 25 auf 10 Kilo abgemagerten Tieres auf die Idee käme, den Nahrungsnachschub nicht nur bei uns zu bestellen, sondern womöglich unbürokratisch und ohne ausufernde Gebärdensprache selbst zu kaufen.

Aber auch an diesen Status quo habe ich mich im Lauf der Jahre gewöhnt. Denn immerhin ist der junge Mann ansonsten geistreich, charmant und humorvoll – alles in allem eine Bereicherung, so oder so. Und wenn er sich zum hundertsten Mal im Argumentationstaumel, warum die Flaschenentsorgung ruhig noch ein paar Tage warten könne, befindet, tut er vor allem eines: Er erinnert mich an mich selbst. Und kommt somit in den Genuss erklärbarer Milde.

Aber irgendwann werde ich ganz sicher alt und weise in meinem Ohrensessel sitzen und dem jungen Familienvater mit einem Lächeln offenbaren: „Ja, ja, es rächt sich alles im Leben.“

Habt ihr eigentlich noch Sex miteinander?

Sex ist einer von neun Gründen
für eine Wiedergeburt.
Die anderen acht sind unwichtig.
(Henry Miller)

Sex ist überbewertet, sagt die Nachbarin der Nachbarin, und ich kann auch nach 13 (in Worten: drei-zehn!) Comme-ci-comme-ça-Beziehungsjahren nicht zu ihr hingehen und sagen: „Recht haben Sie, Gnädigste. Am besten wir gründen in der Sekunde eine Frauen-WG, in der wir uns mit Vollmondritualen, Bauchtanzen und Filzen die Zeit vertreiben. Und schmeißen die Reizwäsch' zur Altkleidersammlug. Pfeif doch auf die Herrenwelt." Also nein: Wer liebt, sollte Sex haben. So will es nicht nur das Konzept des neoromantischen Beziehungsideals, so wollen es auch wir. Unbedingt. Außerdem, bitteschön: Wo man hinschaut – Sex! Fast so, als bestünde dieser Kosmos nur mehr aus multiplen Orgasmen, abenteuerlichem Stellungswechsel und Damen auf Geilheits-Standby. Wo wir auch medial im Stundentakt eingetrichtert

bekommen, was das koitale Tun mit uns nicht alles tut. Wahre Wunderdinge! Sex hält jung. Sex macht schön. Sex senkt den Blutdruck und steigert die Kompromissbereitschaft. Also, bitteschön – was steht der Belustigung noch im Wege? Also: willhaben. Am besten jetzt gleich. Nun, hmm, schön blöd, da fällt mir doch ganz schnell das eine oder andere Steinchen am Weg zum Exzess ein. Denn wer liebt, wäscht auch gemeinsam Geschirr ab, wenn der Geschirrspüler kaputt ist. Oder diskutiert zumindest, wer heute mit dem Geschirrabwaschen dran sein könnte. Dazwischen platscht Kind eins oder Kind zwei ins Geschehen und fordert Aufmerksamkeit. Viel zu selten entsteht daraus jenes erotische Rascheln und Knistern, das die Protagonisten auf den Dreckhaufen sowie die Früchte ihrer Liebe pfeifen und im Separee verschwinden lässt. Nein, ganz, ganz anders: Der eine steht dann bei den dreckigen Tellern, der andere schaut fern oder rechnet lustige kleine Divisionen. Und später geht der an den dreckigen Tellern beleidigt ins Bett. Allein. Und beide träumen getrennt vom Sex, den sie haben könnten, wären da nicht …
Wer liebt, hat also vor allem ganz andere Sorgen als den exzessiven Lebenswandel in der Horizontale. Das ist das erotische Spannungsfeld, in dem sich Mann und Frau befinden, wenn sie sich für Kinder, Hund, Heim und Bausparkredit entschieden haben. Die Aura der Lust schaut anders aus, Sexualität will genährt werden – mit

dem Bügeleisen in der Linken und dem Schuljausenaufstrich in der Rechten oft einmal Mission Impossible. Aber wie heißt es so schön in einem von mir etwas abgewandelten Spanischen Sprichwort: „Wer nichts Besseres mehr kriegt, schläft mit seinem eigenen Mann."

Die Frage des Kindes ist folglich nicht dumm, wie übrigens alle Fragen von Kindern niemals dumm sein werden. Es ist – wiederum – eine Frage an uns. Auch in diesem Fall. Kein Wunder also, wenn sich Mami und Papi zwei Mal pro Dekade fragen: „Ähem, haben wir noch Sex miteinander?" Oder: „Wollen wir überhaupt noch Sex miteinander?" Beziehungsweise – und das wohl am häufigsten: „Wir hätten gern Sex miteinander, aber ..." Dieses Aber schwindelt sich in die Nischen des Begehrens und knüpft es an Bedingungen.

Die da beispielsweise heißen: Es muss Abend sein, spätabends, denn dann schlafen alle, vor denen wir den erotischen Aspekt unserer Persönlichkeit verstecken müssen. Das Problem dabei: Wir dann auch eher schon. Also: dann auch eher kein Sex. So betrachtet, haftet dem gängigen Satz „Zeit fürs Bett" eine narkotisierende Wirkung an. Weniger für die Kids als für die ermatteten Eltern.

Es muss leise sein. Leise? Das ist zu eng gefasst. Lautlos trifft's eher. Denn auch, wenn es Abend ist, bedeutet das noch lange nicht, dass es keinen akuten, perfiden Lauschangriff geben könnte. Das kleinere Kind ist für seine nachtwandlerische Sicherheit weit über die Landesgrenzen bekannt. Auf einem griechischen Eiland erzählte es uns aufgeregt, dass die Nachbarn aus dem Nebenzimmer (ein junges Pärchen) nachts wohl auf dem Bett drei Stunden lang *Mensch ärgere dich nicht* gespielt haben müssten, weil sie so laut waren und das Bett dabei „so gepumpert" hätte. Am nächsten Tag sah ich mir den Rücken des Mannes und die Mensch-ärgere-dich-nicht-Spuren etwas genauer an. Seine junge Freundin muss wohl eine leidenschaftliche Spielerin sein.

Aber auch der Größere ist ein akustischer Risikofaktor für das Liebesleben der Eltern. Als legendärer Herumschlurfer schlurft er just dann ins Badezimmer, wenn Papa gerade entschlossen Hand an Mama legen möchte. Deren aufkeimende Lust sich allerdings ruckartig verflüchtigt, wenn sie das tendenziell plattfüßige Schleifen des 23-jährigen Physikstudenten wahrnimmt. Wo sie doch weiß, dass diese einschlägigen Geräusche garantiert nicht mit einer lustigen *Mensch-ärgere-dich-nicht*-Runde interpretiert werden. Das ist wie Migräne. Also zischt sie: „Heute nicht, Schatz."

Es muss die Zeit ganz generell passen. Im metaphorischen Sinn, nämlich. Es geht nicht um die Stunde, sondern um die Gunst der Stunde. Denn blöderweise will der Herr Papa just dann Sex, wenn Frau Mama völlig ermattet ins Schlafzimmer taumelt, um zu resümieren, dass sie heute achtzehn Ohren gebraucht hätte und dreimal so viele Hände. Vier für den Chef, acht für die

Kollegen und sechs für die Kinder. Das manuelle Überangebot wäre allenfalls dafür gedacht, jedem Einzelnen davon eine zu picken. Nach solchen Tagen schwindet des Weibes Lust naturgemäß wie Schokoeis in der Mikrowelle. Überhaupt muss mit der Fortdauer der Beziehung alles immer perfekter passen, damit Leidenschaft entstehen kann. Es sollte also sein Transit-Mond im Trigon mit ihrer Venus stehen, die aber wiederum darf auf keinen Fall von einem bösen Saturn-Transit abgemurkst werden. Weiters sollte Mutti nichts Blähendes und Vati nichts mit viel Knoblauch gegessen haben. Die Schlafzimmertemperatur muss genauso angemessen sein wie der vorherrschende Ton. Und, tja: Muss das mit den Socken im Bett wirklich sein?

Das Blöde daran: Öfter einmal ist nicht damit zu rechnen, dass all diese Konstellationen zu einem fulminanten Libido-Feuerwerk explodieren. Ganz im Gegenteil: Immer ist irgendwas. Und ist es nicht das, dann hat Mami die Regel. Und hallo, es ist ja wirklich nicht so, dass Herr Papa allzeit bereit stünde, wenn es der Angetrauten konveniert. Wir wissen zwar: Männer können öfter bis immer. Doch mit ein bisschen Pech stören Petitessen diese Allzeit-Bereitschaft: Fußball-Matches und Fußball-Matches sowie Fußall-Matches. Manchmal ist es auch nur eine Fieberblase.

Aber genug der Jammerei. Denn selbstverständlich gibt es dazwischen tausend wunderbare Gelegenheiten, in die ein kleiner Geschlechtsverkehr passt. Wer will, der kann – das hat schon meine Mutter gesagt und die hatte manchmal auch Recht. Wer will, der kann also Sex haben, auch wenn sich das Alltägliche dagegen stemmt. Viele Paartherapeuten raten Eltern daher, sich zum Sex zu verabreden. Was ein wunderbarer Gedanke ist, aber: Lässt sich Lust verabreden? So im Sinne: „Zück schon mal den Kalender, wir organisieren uns jetzt das Arge, Darling …" Sex lebt vom Augenblicklichen, von dem, was jetzt ist. Es ist schwierig, sich die Lust als Termin vorzustellen, der abgearbeitet werden muss. Vielleicht klappt das für Männer, Frauen tun sich da schon schwerer. Aber wer weiß? Möglicherweise haben Paartherapeuten doch Recht – ihre Theorie ist ja, dass man *es* nur tun beziehungsweise sich dafür entscheiden müsse. Der Rest käme dann wie von selbst. Und falls nicht, kann man schließlich währenddessen immer noch über die Tauglichkeit des neuen Kuchenrezepts nachdenken.

Darauf bauen und vertrauen wir. Daher, Kinder: Natürlich haben wir, die guten Eltern, Sex. Weil wir ihn zum Leben und Lieben brauchen, weil er uns für einige Minuten des Üblichen enthebt, weil wir uns dann aufgehoben fühlen im anderen. Und das ist der Platz, an dem wir – auch – hingehören.

Obwohl sich das der Nachwuchs – vor allem im fortgeschrittenen Alter – sowieso erst gar nicht vorstellen will. In dessen Augen sind Eltern neutrale Lebewesen ohne

Anspruch auf erotische Lebensqualität. Die Alten dürfen Federball spielen, Marillenkuchen backen, eine Modelleisenbahn basteln, beim *Monopoly* verlieren, zum Sprechtag in die Schule gehen oder schimpfen. Aber Sex? Wäh! Gleichzeitig grübelt das Kind über das Woher und Warum seiner Existenz, und weil die Geschichte mit dem Storch jetzt auch nicht mehr der Wahnsinns-Bringer ist, klären wir – altersadäquat – auf. Ich kann mich noch erinnern, als ich mit getragener Miene aus Janoschs Buch *Mutter sag, wer macht die Kinder?* vorgelesen habe. Da gab's den herrlichen Satz: „Nach dem Essen aber sagte die Mutter: ‚Walter, ich liebe dich, küss mich doch mal. Hast du Lust?' Dann nahm sie den Vater bei der Pfote und zog ihn in das Bett.'" Den mochte ich so gern, dass ich ihn mir auch ohne Kinder vorgelesen habe.

Gerade weil sich Töchter und Söhne absolut nicht vorstellen können, dass sich ihre Eltern allenfalls auch bei den Pfoten nehmen und einander irgendwo hin ziehen, werden sie diese Frage irgendwann einmal stellen. Die Frage nach Sex war eine Frage, die folglich auch ich meinen Eltern gern gestellt hätte – vorausgesetzt, ich wäre mutig genug gewesen. Ich war es aber nicht, weil mir meine Mama dafür garantiert eine verpasst hätte. Also tat ich heimlich, was zu tun ist, und lauschte an der Schlafzimmer-Tür. Im Kasten der Eltern hatte ich immerhin das passende Animationsprogramm in Form eines Buches gefunden: *Fanny Hill*. Ein Indiz, dass die

Alten doch noch etwas anderes tun als stricken, Jolly spielen oder fernsehen. Da war ich 11 und extrem aufgeregt. Ich dachte, wer so etwas in petto hat, kann gar nicht anders, als zu tun, was da steht. Vermutlich habe ich mich getäuscht. Das Lauschen an der Schlafzimmertür wurde nur äußerst selten mit einschlägigen Geräuschen belohnt – möglicherweise haben meine Eltern aber auch das getan, was wir jetzt öfter tun: leise, sehr sehr leise sein. Oder eben: schlafen. Einfach nur tief und fest und sehr erschöpft schlafen. Und von Geschlechtsverkehr mit anderen träumen.

Verblüffend ist für mich, wie offen diese unsere Kinder mit dem Thema jonglieren. Das ist gut so – weil es von Vertrauen und einem natürlichen Umgang mit dem Thema zeugt. Dennoch gibt es Grenzen. Der Tochter Frage, ob wir es noch tun, ist ja beileibe nicht das Ende aller Fragen. Irgendwann wollte das Kind tatsächlich wissen, wie genau das denn so vonstatten ginge. Es wollte haarscharfe Details hören. Im Sinne von: „Bist du oben und der Papa unten oder wie jetzt?" Hmm. Da ist natürlich freundliche, aber maximale Abgrenzung gefragt – wir sind zwar offenherzige und extrem aufgeklärte Menschen, aber Sexualität braucht kaum etwas Dringenderes als ein Geheimnis. Dieses Geheimnis steht uns zu.

Vermutlich muss man sich als Frau und Mann, als Mama und Papa, sowieso eine überdimensionale Portion Schizophrenie gönnen, um den Spagat zwischen Neutrum und Sexobjekt zu schaffen. „Neutral sein, heißt tot sein", lernen wir von Henry Miller. Doch genau darin liegt die Gefahr. Im Gefühl der Zugehörigkeit, im Netz des Familiären vergessen Mann und Weib oft einmal auf ihre Geschlechtlichkeit und werden zu unförmigen Amöben, die sich – der Gipfel der Unlust – womöglich gegenseitig mit Mamsch und Papsch titulieren. Das geht gar nicht. Deshalb dürfen wir uns niemals als vom Alltag weich geklopfte Schnitzel empfinden, sondern müssen im Rahmen einer gesunden Persönlichkeitsspaltung das sexuelle Ich hegen, pflegen, lieben, leben, lassen. Jeder für sich und – am Ende – doch gemeinsam.

Vielleicht hilft da der Rat eines gewissen Henry Youngman: „Einige Leute fragen nach dem Geheimnis unserer langen Ehe. Wir nehmen uns zweimal pro Woche Zeit, ins Restaurant zu gehen. Ein kleines Abendessen mit Kerzenlicht, leiser Musik und Tanz. Sie geht dienstags, ich freitags."

Habt ihr eigentlich noch Sex miteinander?

*Wer die Geheimnisse
des Bettes verrät,
verdient die Liebe nicht.
(Ingeborg Bachmann)*

Da war doch einmal etwas. Die Leichtigkeit, die Unbeschwertheit, das Streunertum. Heißa, was sind wir durch die Stadt gezogen, jung, abenteuerlustig, gierig nach Leben. Wir haben viel getrunken und wenig geschlafen, viel gebraten und wenig riskiert, viel gevögelt und wenig bereut. Es gab ein Heute und wieder ein Heute, kein Gestern und schon gar kein Morgen. Was kostet die Welt? Kaum mehr als ein Bacardi-Cola.

Und irgendwann einmal steht plötzlich und völlig unerwartet jene Frau vor mir, die alles verändert. Eine Frau, die sagt, „wie geht's?" und es in meinen Ohren klingen lässt wie „komm für immer in mein Bett". Die von jener Aura umgeben ist, die mich zur Standardformulierung „ich will dich" im Geiste auch noch „heiraten" hinzufügen lässt. Eine Frau für die große Liebe. Ein Klassiker der Evolution.

Aber auch der Eintritt in das Reich der Monogamie lässt viele Türen zum beschwingten Sex-Alltag offen. Sogar die Tatsache, dass die Herz-Dame einen neunjährigen

Buben en passant erwähnt, vermag die Obsession nicht zu mindern. Nebenbei ein bisserl Stiefpapa spielen hat noch nie geschadet, solang die Gier ihre Wege zum sexuellen Glück weist und die Fantasie bei der Schaffung von Freiräumen für Zweisamkeit Tag für Tag auf Flügeln daherkommt.
Da lodert dieses Feuer, das sich zum leidenschaftlichen Flächenbrand ausweitet und noch so gar nichts mit der Gemütlichkeit des Kamins zu tun hat. Es knistert und glüht, und von früh bis spät breitet sich Hitze und unendliche Energie aus.
Fernsehen? Nein, Sex!
Weggehen? Nein, kommen!
Sport machen? Ja, und zwar im Bett!
Und noch einmal. Und wieder. Und die Lust bleibt. Inklusive darüber sinnieren, darüber reden, darüber schreiben, darüber lachen. Nur atmen ist wichtiger.
Und irgendwann einmal ist das Ergebnis einer lustvollen Nacht 50 Zentimeter groß, 3850 Gramm schwer und schreit. Was dem folgt, ist die Geschichte, von der die Menschheit das berühmte Volkslied von Fokusveränderung, Prioritätenverschiebung und Erschöpfung singen kann. Wenn man das Duell um den wogenden Busen gegen jemanden verliert, der nicht einmal in der Lage ist, einen deutschen Satz auszusprechen. Wenn der Satz „Ich werde verrückt“ nichts mehr mit meinem körperlichen Einsatz im Dienste der Liebe zu tun hat, sondern ledig-

lich mit der Tatsache, dass unser Kind bereits zum vierten Mal den ersehnten Besuch der REM-Phase verhindert. Wenn der Klang des beherzten Stöhnens jenem von La-le-lu weicht.

Aber auch diese Ära hat ein Ende. Was sich jedoch nicht mehr ändert, ist die Klarheit darüber, dass die Spontanität von nun an eine Schwester der Unmöglichkeit ist. Dass die Leidenschaft Zeitfenster benötigt, und dass es zur Herausforderung wird, der Sexualität eine neue Qualität zu geben. Eine solche, die mit Quantität nichts mehr zu tun hat.

Und so begab es sich eines Nachts, dass unser liebes Töchterchen in ihrem Bett längst davon träumte, ob die Kuscheltier-Liebe zwischen der am meisten benötigten Muhkuh und dem am zweitmeisten benötigten Herrn Mausowic (ein Mitbringsel aus Prag) Zukunft hat, als sich Papi und Mami erwartungsvoll ins Schlafzimmer zurückzogen.

Und just in jenem Augenblick, als sich die großen Flügeltüren des gemeinsamen Lustschlosses zu öffnen begannen, vernahmen wir das Geräusch eines Schlüssels, der an der Haustür hantierte. Der Segen des Patchwork-Universums, kurz Junior des Hauses, kam früher als erwartet von einer offenbar öden Party zurück. Und jeder seiner Schritte trug zur elterlichen Libido ungefähr so viel bei wie Richard Lugner zur Eroberung des gesellschaftlichen Hochplateaus. Kurze Erinnerung: Da

war doch einmal was. Die Leichtigkeit, die Unbeschwertheit, das Streunertum. Heißa, und so weiter.
Jetzt hingegen war er, der Teenager auf dem Trampelpfad durch unsere Intimität. Die Konsequenz: Geteilte Aufmerksamkeit, innehalten, flüstern, und natürlich die Parole: Pssssst. Aber als wäre jeglicher Verzicht auf Stöhnen und Grunzen, Gurren und Knurren nicht schon genug der Einschränkung gewesen, so kam es noch schlimmer.
Der launige junge Mann scheiterte nämlich offenbar an dem bedeutenden Versuch, Batterien, Hollersaft oder Zahnpasta zu finden, weshalb er die grandiose Idee gebar, der Bequemlichkeit halber uns danach zu fragen. Um sich davon zu überzeugen, dass unsere aktuelle Auskunftsfreude nicht rasend groß ist, hätte es freilich nur eines zarten Klopfens an der Schlafzimmertür bedurft, um festzustellen, dass kein „Herein“ ertönt – was allenfalls mit Leichtigkeit als Indiz für Schlaf zu deuten gewesen wäre.
Er hingegen entschied sich für jene Variante, bei der das Klopfen nicht mehr als ein kurzes Vorspiel, als einen fließenden Übergang zum Öffnen der Tür darstellt, quasi eine Bewegung. Was bedeutet: Die Reaktionszeit zur sofortigen Beendigung der sexuellen Begegnung sowie Verschleierung derselben betrug großzügig betrachtet eine Sekunde.
Der Raum war also erfüllt von Adrenalin und Panik, weil

es eben schon ein Unterschied ist, ob der liebe Bub auf dem Sofa eines Freundes im Angesicht eines Pornos rote Bäckchen bekommt, oder ob die eigene Mutter die Hauptdarstellerin im Heimkino mit Jugendverbot ist – Prädikat: absolut nicht sehenswert.

Also wurden reflexartig zwei nackte Leiber nebeneinander und zwei Decken über eben die nackten Leiber geworfen, ehe sich die mütterliche Aggression gegen den unbedarften Eindringling richtete. Und so brüllte meine Frau so laut, dass die Kunde mit Sicherheit auch der gesamten Nachbarschaft ein verschämtes Lächeln in die Gesichter zauberte: „Laaaanger, wir haben gerade Sex!" Das zumindest veranlasste den Sohn des Hauses zu einem verschreckten und sofortigen Rückzug, aber nicht ohne zu murmeln: „Entschuldigung, aber das kann ich ja nicht riechen" (was im Übrigen auch gut so ist).

An eine ekstatische Fortsetzung des ehelichen Treibens war ab diesem Zeitpunkt jedenfalls nicht mehr zu denken, sondern viel eher daran, dass Gott, als er die Lust erschuf, entweder schwer übernachtig, ziemlich beschwipst oder am Ende gar bewusst boshaft war.

Natürlich folgten diesem Ereignis am nächsten Tag eine Grundsatzerklärung zum Thema Wahrung der Intimsphäre und ein ausführlicher Exkurs über die Klopfzeichen der Zeit. Sowie meine Antwort auf die Frage „Woher soll ich wissen, wann ihr Turnstunde habt?" Die da lautet: „Das brauchst du gar nicht wissen. Denn ich werde auch in Zukunft darauf verzichten, bei der Kinderschar einen Akt-Vermerk zu deponieren. Im Stil von: Lieber Bub, nur damit du dich darauf einstellen und dein Verhalten dementsprechend adaptieren kannst, aber deine Mutter und der sich von ihr in höchstem Maße angezogen fühlende Mann gedenken morgen ab 22.15 Uhr jenem Bedürfnis nachzukommen, das gerne auch als herrliche Vögelei bezeichnet wird und dessen Wesen unter anderen du deine Existenz verdankst. Ich bitte also höflich um dezente Rücksichtnahme."

Die Episode verdeutlicht in jedem Fall, dass der Verkehr geregelt werden muss, um den Stillstand zu vermeiden. Die Jahre bringen es aber ohnedies mit sich, dass die Notwendigkeit der Akkord-Bumserei nicht mehr gegeben ist. Aber wer das erst einmal bemerkt hat, muss eben ziemlich auf der Hut sein. Denn der Grat zwischen natürlicher Reduktion und grober Vernachlässigung ist schmal. Da kann es schon einmal passieren, dass sich meine Frau verliert, während ihre Finger statt an mir lieber zärtlich an ihrem iPhone fummeln. Oder dass ihre Ampel der sexuellen Empfänglichkeit justament dann auf Grün schaltet, wenn im Fernsehen gerade zur Champions League angepfiffen wird, was mit dem Lamento endet: „Was hat Lionel Messi, was ich nicht habe?"

Aber die Jahre bringen eine Erkenntnis: Wer in der Ehe gemeinsamen Sex haben will, der muss das a) sagen und b) organisieren. Denn zwischen Full-Time-Job und dem Kontrollieren der Mathe-Hausübung, zwischen Großeinkauf und dem Suchen des verschwundenen Nintendos, zwischen Finanztransaktionswahnsinn und dem offenen Ohr für Ausführungen Marke *Warum-die-Martina-immer-so-gemein-sein-muss* wird die Luft der erotischen Spannungen dünn. Aber es muss sie geben, die Inseln des Beieinanders, Miteinanders, Ineinanders.

Deshalb bietet sich auch gern einmal eine Annäherung via E-Mail an. Statt zu klären, ob die Überweisung getätigt, das Suppengrün gekauft oder der Rollator für die vom Sessel gestürzte Tante geordert ist, vermag die plötzliche lapidare Frage: „Was machst du heute Abend?" Wunder wirken. Nämlich dann, wenn sich im besten Fall ein Wortwechsel von „Machen wir eine gute Flasche Rotwein auf" über „Treffen wir uns am besten im Schlafzimmer" bis „Keine Angst, ich will nur spielen" entwickelt. Solcherart lässt sich durchaus ein Geheimnis, das es vor den Kindern zu behüten gilt, erschaffen. Stets unterfüttert mit neuen kleinen Hinweisen und Spannung erzeugenden Zweideutigkeiten.

Bis zum großen Augenblick. Heißa.

Ja, ja, ja, wir haben Sex! Und das ist verdammt gut und wichtig.

Apropos wichtig: Wir dürfen auf keinen Fall vergessen, die Nespresso-Kapseln zu bestellen.

Wer stirbt von euch früher – die Mama oder der Papa?

Als Kind ist einem doch die Welt ziemlich klar – und wenn man stirbt, weiß man gar nichts.
(Hans Joachim Kulenkampff)

Der Opa ist tot, und das ist gar nicht gut. Denn der Tod sollte sich im Leben eines Kindes nirgendwo einnisten dürfen. Aber der Opa ist trotzdem tot. Und der Hund ist es auch. Dabei hat der eine gerade noch auf seine so ganz besondere Art die Opa-Augen blitzen lassen, und der andere ein Lackerl in die Wohnung gemacht. Jetzt sind sie beide weg. Da oben, im Himmel, gehen sie gemeinsam spazieren auf einer grünen Wiese, wo nix weh tut, wo die Kauknochen an den Bäumen wachsen, der Veltliner literweise aus der Bassena tropft und Arm und Reich bis in alle Ewigkeit tarockieren. Dort oben nämlich hat keiner das Bummerl, es wird gelacht, geträumt, es gibt das Glück in X-Large-Dimensionen. Und für das Gackerl existiert kein Sackerl. Das wird von diensteifrigen Engeln entsorgt.

Wer so früh und so intensiv mit dem Weggehen geliebter Wesen konfrontiert wird wie unsere Tochter, hat ein Recht auf ein Stück paradiesische Fantasie, in der die verloren gegangenen Menschen und Herzensangelegenheiten paradiesisch weiterleben dürfen. Aber den ganz und gar unhimmlischen Schmerz, den ihr diese Verluste zugefügt haben, den musste sie trotzdem fühlen.
Er wird bleiben – als Teil von ihr.
Genauso wie die Angst, so etwas könne sich womöglich wiederholen. Auch daher kommt die Frage unserer Tochter nach dem Sterben, nach unserem Sterben. Sie will's wissen: Wer ist früher dran? Der Kasperl oder das Krokodil? Cäpt'n Hook oder Peter Pan? Minnie Mouse oder Mickey? Papa oder Mama? So könnte das Unberechenbare nämlich mit einer einzigen Antwort berechenbar werden.
Und ehrlich, ich frage mich das auch manchmal. Überhaupt wenn man – so wie ich – zehn Jahre älter ist als der Vater dieses Zauberwesens. Das Faktum, die Lebensmitte längst überschritten zu haben, brennt sich irgendwann in die Festplatte des Unbewussten, unauslöschlich. Zehn Jahre – die sind nichts. Einerseits. Andererseits: Zehn Jahre sind eine lange, alles entscheidende und unterscheidende Dekade. Und das ist, um ehrlich zu sein, doch mehr als nichts. Lange habe ich mir darüber keine Gedanken gemacht. Als er 28 war und ich 38, tanzten wir beide mitten im Leben. In dieser Phase haben wir

einander kennen gelernt, das Feuer brannte alle Zweifel und Ängste weg.
Altersunterschied?
Egal! Doch jetzt, 10, 12 Jahre später wird immer klarer: Wenn er „in die besten Jahre eines Mannes" kommt, taumle ich mit Tempo 80 in die Menopause. Während es ihm nach wie vor in den Lenden juckt, er davon träumt, die Welt da draußen mit sich zu durchdringen, schlage ich mich mit Hitzewallungen und Gewichtszunahme herum – und bleibe daheim, vor dem Ofen sitzen. Lesend. Denkend. Zweifelnd. Während er immer attraktiver für den Frauentypus „jüngere Frau sucht Halt am reiferen Semester" wird, muss ich froh sein, dass mir ein Bau-Hackler einmal pro Jahr nachpfeift. Das ist dann immer der Polier, dem die Sehnsucht nach dem Ruhestand ins Gesicht geschrieben steht.
Im Lichte all dieser Tatsachen bekommt der Tochter Frage nach dem Tod dann eine ganz besonders seltsame, herbe, fast schon philosophische Note. Er wird nämlich greifbarer, möglicher. Die Jahre schmecken plötzlich bitterer. Da können dir andere noch so oft sagen, wie jung – pfohh – man denn aussehe. „Ihr – *ze-he-n* Jahre auseinander? Hätten wir nie gedacht!" Okay, das schmeichelt – aber die sehen mich nicht morgens nach einem durchzechten Abend. Die sehen nicht, was ich dann sehe. Eine Frau, die sich der Zeit beugen und ihre Tränensäcke in Würde tragen muss. Man welkt, sehr langsam zwar, aber

man welkt. Unaufhörlich. Kaum hast du dich versehen, wird klar: Viel Spielraum ist da nimmer, frischer wirst nimmer, das Beste ist definitiv gewesen. Alles, was jetzt noch zählt, sind Rheumafaktoren. Und Kleider, die schmeicheln.

Das ist komisch, sehr komisch sogar. Zudem, bitteschön, ja mittlerweile kein Tag mehr vergehen mag, an dem nicht irgendein Körperteil nach einer Diagnosestraße schreit – längst fällig, in meinem Alter, die Kolposkopie, die Sonografie, der Augen und Ohren-Check, die Knochendichte-Untersuchung, das Messen des Blutdrucks. Ab einem gewissen Alter wird der Mensch welk gemacht. Im Lichte der Hinfälligkeit auf der einen und der Foreveryoung-Bewegung auf der anderen Seite oszillieren wir verunsichert zwischen der Wahl der besten Anti-Falten-Maske und der Überlegung, ob man mit Stützstrumpf und Stock allenfalls eh noch so geliebt werden wird wie mit Halterlosen und Minis. Altern ist nicht chic, der Tod ist nicht chic, das Welken ist ein No-go. Und trotzdem bleibt uns der ganze Murks nicht erspart.

Aber wann, Kind, und wer jetzt früher das Spiel des Lebens beenden wird: keine Ahnung! Darauf können wir keine Antwort geben, alles ist möglich.

Okay, die Statistik spricht für die Frau. Und trotzdem: Der Tod ist ein Glücksspieler, dessen Handeln nicht in Gesetzmäßigkeiten gegossen werden kann. Also ist es folglich völlig überflüssig in stillen Stunden darüber

nachzudenken, ob sich der Lederleitner allenfalls auch für eine modische Grab-Deko engagieren ließe. Und ob eine lila Kranzschleife dernier cri in Sachen Grabmode sein wird. Oder doch Kardinalrot?
Dabei können Gedanken an ein Ende, an das eigene Ende, durchaus fruchtbringend sein. Denn erst im Schatten dieses Blicks zurück lässt sich das Gelingen der Gegenwart, des Lebens – hier und heute – messen. Der Tod umrahmt das Ganze mit Wert. Der Tod gibt Wert.
Jeden Tag des Jahres streife ich morgens mit Hund Nummer zwei umher. Und während der die Hintern anderer Hunde beschnüffelt und die Wiese markiert, bis kein Gras mehr wächst, schaue ich auf einen Friedhof. Der Hund geht also mit mir diesen Weg entlang, Tag für Tag. Und ich mit ihm. Sommers, winters – und ganz besonders im Herbst, wenn der Nebel fällt und die Gedanken nach Wehmut riechen. Je nach Lichteinfall sehen die Gräber dieses Friedhofs anders aus. Wenn die Sonne hinter den riesigen Bäumen dieses Orts so schicksalsschwer leuchtet wie in einem Rosamunde-Pilcher-Film, dann kann es durchaus sein, dass man sich auf die andere Seite der Friedhofsmauer sehnt. Nicht viel, aber ein bisserl halt. Weil der Platz ruhig ist, niemand stört, keiner will, dass was – jetzt! sofort! – geschieht. Hier herrscht die Stille, nach der ich mich manchmal sehne, wenn's im Wohnzimmer ausschaut, als wäre eine Splitterbombe detoniert, der Große nach Nahrung ächzt und der Mann

konstatiert: „Heute ist Champions League, Schatz. Mit mir ist also nicht zu rechnen."

Aber dann bellt dich der Hund wieder ins Hier und Jetzt, und du spürst das Leben in und um dich. Denn auf der rechten Seite dieses Weges stehen unglaublich schöne, liebevoll renovierte Kleingartenhäuser, wo die Lebendigen ihre Gärten in winzige Paradiese verwandeln, wo Blumen und Bäume blühen, wo gelebt, gegrillt und gefeiert wird. Wenn ich hier spazieren gehe, wandle ich zwischen den Welten – dort ewige Ruhe, da pulsierendes Leben. Und während das Kreuz wieder einmal wehtut, schmeckt die Luft trotzdem wahnsinnig gut. Daheim wartet was, die Welt hat noch viel vor. Der Moment ist fein. Und das ist es, was wirklich wichtig ist.

Die Frage nach dem Tod ist also eine Frage an das Leben. Wann jemand geht, zählt vielleicht gar nicht so. Wie jemand geht, welches Leben er verlässt und was danach von einem Menschen bleibt: Das ist's. Und plötzlich lösen sich alle Zweifel auf – Altersunterschiede, Falten, Zellulitis, Bandscheibenvorfälle betreffend. Hauptsache die Blumen blühen, jetzt. Und man bemerkt es. Jetzt.

Leben, das wird dann klar, ist ein Privileg. Und so kann ich meinem geliebten Kind immer nur sagen, dass wir nur deshalb ans Ende schielen müssen, um uns im Heute besser zu verankern. Um zu sehen, was die Gegenwart zu bieten hat – an Chancen, an Glücksmomenten, an Liebe, an Genuss.

Wer stirbt von euch früher –
die Mama oder der Papa?

Nur durch das
Todesbewusstsein
erfahren wir das Leben
als Wunder.
(Max Frisch)

Verdammt, wohin sind die Jahre gegangen? Die Erinnerungen sind noch so frisch. Ich sehe so klar vor mir, wie ich in den Siebzigern mit dem Fahrrad in den Park gefahren bin, um dort stundenlang als – wie mir schien – perfekter Nachfolger von Schneckerl Prohaska einem Ball nachzulaufen. Wie ich in den Achtzigern Falco live in der Wiener Stadthalle gesehen habe, meine erste Zigarette mit einem historischen Hustenanfall büßte und meinen ersten Sex vor lauter Angst sicherheitshalber mit zwei Kondomen absolvierte. Wie ich in den Neunzigern in der Gestalt eines selbsternannten Jung-Siegfrieds als Jungreporter um die Welt reiste und das Leben in vollen Zügen inhalierte, und zwar ohne husten zu müssen.
Die eigene Endlichkeit hatte in meinem Kopf keinen Raum, und wenn irgendwer sagte „Ich will sterben", dann war das nicht mehr als der Ausdruck elendigen Befindens in Folge eines mordsmäßigen Katers. Darüber haben wir gelacht. Denn der Tod war kaum mehr als ein Gruselfaktor bei der Lektüre von Stephen King oder ein

gelungener Effekt, wenn John Rambo russische Bösewichte in Afghanistan ins Jenseits ballerte („Das, was sie vorhin Hölle nannten, nennt er sein Zuhause" – yeah, so cool ist sterben).

Im Jahr 2005 starb mein Vater. Und ich sah ihm dabei zu. Ich sah seinen Kampf, hörte seine letzten Worte und spürte am Ende seinen Frieden. Und ich erkannte erstmals die gnadenlose Wucht des Todes. Den Schmerz, die Wut, die Traurigkeit. Kein Buch, kein Film, stattdessen reale, tief gehende, unvergessliche Trauer. Als meine Tochter, gerade einmal fünfeinhalb Jahre alt, die Nachricht vom Tod ihres geliebten Opas vernahm, weinte sie, verdunkelte die Wohnung und kniete vor einer Kerze nieder. Sie war alt genug, um sich der Endgültigkeit bewusst zu sein. Aber noch viel zu jung, um den Sinn des Sterbens zu begreifen.

Aber ausgerechnet am Vorabend dieses so prägenden Schicksals hatte ich ihr eine Geschichte vorgelesen. Einem Instinkt folgend, eine Ahnung verspürend. Die Hauptfigur des Buches war ein alter Dachs, der seine Zeit gekommen sah, die Welt zu verlassen. Er hatte keine Kraft mehr, sah kaum noch etwas und wollte endlich seine ewige Ruhe. Also nahm er seinen Stock und spazierte ins Licht. Erleichtert und fröhlich. Als am nächsten Morgen die anderen Tiere des Waldes erfuhren, dass der alte Dachs nicht mehr am Leben war, weinten sie und verzweifelten an der Frage warum. Bis sich die Eule an die Freunde wandte und sagte, dass es natürlich notwendig sei zu trauern. Aber viel lieber erinnere sie sich an den Tag, als der Dachs einst einem jungen Reh aus der Patsche half und dabei selbst auf die Nase fiel. Da konnten die Tiere herzlich lachen. Und infolgedessen wurden reihum die schönsten und lustigsten Geschichten über den Dachs erzählt. Mit dem Schluss, dass die wunderbaren Erinnerungen irgendwann die Trauer besiegen.

Daran denke ich noch heute. An dieses Buch, das mit so viel Gefühl das Wesen des Todes kindgerecht erklärt. An diese Erzählung, die für unser Kind den Weg ihres Opas fassbar und nachvollziehbar machte.

Aber das Thema Tod bleibt ihr, mehr als vielen anderen Kindern. Der unvermeidliche Abschied wurde ihr schon früh zur Herausforderung. Sie war gerade erst drei Monate alt, als ihre Urgroßmutter starb. Ein Baby, zu klein für eine Wahrnehmung, möchte man annehmen. Aber wer wie ich an die Energieflüsse in einer Familie glaubt, der ist sich sicher: Sie hat ihre Bestimmung und die Tragweite des Ereignisses gespürt.

Meine Großmutter war das Herz der Großfamilie, für alle da, von allen geliebt. Nur das Urenkerl, das sie sich so viele Jahre lang gewünscht hatte, das wollten ihr die fünf Enkerln nicht schenken. Bis zur Geburt meiner Tochter. Zu einem Zeitpunkt, da sie schon sehr krank und sehr schwach war. Aber dieses Glück wollte sie sich nicht

entgehen lassen. Für diese Ankunft blieb sie am Leben. Sie besuchte das Neugeborene noch im Spital, nahm es in den Arm, streichelte es und wirkte dabei pumperlg'sund und fröhlich. Gerade so, als wäre es ihr letzter Seelenfrieden, das ersehnte Kind an sich zu drücken.
Wenige Wochen später starb sie. Und als die Trauerfeier inszeniert wurde, lag meine Tochter im Kinderwagen und verhielt sich eineinhalb Stunden lang völlig ruhig. Sie, die uns stets zur Verzweiflung trieb, weil nicht einmal ein 30-minütiger Spaziergang ohne Zappeln und Quengeln möglich war. Sie lag einfach nur da, lauschte und nahm in meiner mystischen Interpretation auf ihre Weise Abschied. Und nur 14 Monate später zeigte sie auf den Himmel, wo ein Flugzeug sichtbar wurde und jauchzte: „Oma!"
Das mag für viele Menschen Zufall sein. Für mich war und ist es eine Verbindung, die ich nicht weiter erklären will. Unbestritten bleibt jedenfalls, dass der Verlust von Liebe ein auffällig großer Mosaikstein in ihrer Gedankenwelt ist.
Umso mehr wird er auch einer in meinem Kopf. Die 70er, 80er, 90er – vorbei. Jetzt bin ich vierzig. Und denke daran, dass ich mich in der natürlichen Abfolge der Generationen eine Reihe nach vor geschoben habe und dem Tod wieder näher gekommen bin. Mehr noch, da ich immer mehr Menschen, die als Erwachsene wichtige Rollen in meiner Kindheit gespielt haben, als Sterbende

erlebe. Es scheint, als hätte mich jetzt ein Bewusstsein der Ernsthaftigkeit eingeholt, als wäre die Nachdenklichkeit über das Ende in eine andere Dimension gerückt. Früher einmal hatten wir viel Spaß daran, uns den idealen Tod vorzustellen. „Während ich Sex habe“ war die beklatschte Vision des perfekten Abgangs. Mittlerweile sehen diese Gedanken anders aus. Mittlerweile nähere ich mich der Vorstellung, im besten Fall meinen Stock nehmen und friedvoll und fröhlich ins Licht gehen zu dürfen. Ja, ich will ein Dachs sein.

Es ist freilich nicht so, dass mir mein prächtiges Leben allzu viel Zeit und Lust lässt, mich ständig mit der Fantasie, wie es wäre, wenn ich nicht mehr wäre, zu beschäftigen. Aber die Abstände zwischen den Augenblicken, da sich die Greifbarkeit des Todes vorübergehend in mir einnistet, werden kürzer.

Vor allem dann, wenn mein Kind darüber sprechen will. Wenn die Frage kommt: „Wer stirbt von euch früher – der Papa oder die Mama?“ Dann antworte ich gern mit einem Zitat von Anselm von Canterbury: „Nichts ist gewisser als der Tod, nichts ungewisser als seine Stunde.“ In aller Kürze: „Ich weiß es nicht, niemand weiß es, und das ist gut so.“

Aber ich spüre die Angst vor dem Verlust einer Mama oder eines Papas. Wer, wenn nicht sie, darf sie haben? Und so kann es schon vorkommen, dass sie im Auto sitzt und, gerade noch Frohnatur, plötzlich zu weinen beginnt.

Weil ihr Hirn aus heiterem Himmel eine Erinnerung aufgerufen hat. An die Uroma, den Opa, oder, nicht zu vergessen, den Rauhaardackel. Da hilft es dann auch wenig, wenn ich in Worten das Bild zeichne, auf dem die Uroma oben in der Chilling Lounge des Himmels gütig mit dem Opa schimpft, weil der dem Petrus den ganzen Sterz weggegessen hat. Während der Hund vor sich hin winselt, weil sein geliebter Ball unter ein Wolkenbett gerollt und unerreichbar ist. Ihre flehende Bitte kommt dennoch: „Bitte, Papa, versprich mir, dass du und die Mama auf keinen Fall sterbt, solange ich noch ein Kind bin."

Das berührt. Das geht ganz tief hinein. Und das sorgt für eine verstörte Suche im Kleingedruckten des Antwortenkatalogs. Weil ich es nicht versprechen kann, so gern ich genau das tun würde. Weil das Ungewisse so schwer vermittelbar ist. Weil die Verlustangst nicht mit Ablenkungsmanövern oder Appellen an die Vernunft weggeblasen, weggelacht, weggezaubert werden kann. Und das setzt unwillkürlich die Spirale in Gang, welche Konsequenzen der eigene Tod hat. Welche Schmerzen er erzeugt, welche Fassungslosigkeit. Und was wäre, wenn meine Frau, ihre Mama …

Der innere Reflex heißt Verdrängung, gepaart mit der äußeren Beruhigung, dass ich mir sicher bin, dass wir alle noch sehr, sehr lang leben und Spaß haben werden.

Ja, darauf wurde ich nie vorbereitet. Wie es funktionieren kann, dem eigenen Kind das Unvermeidliche so vermeidlich wie möglich zu gestalten und trotzdem bei der Wahrheit des Lebens zu bleiben. Wie es ein Vater anstellt, die Gewissheit des Todes zu erläutern, ohne Angstgefühle zu erzeugen. Denn auch die Hinwendung zum Glaubensgrundsatz eines Lebens nach dem Tod vermag einem Kind kaum Trost zu spenden. Wie auch? Er ist nicht einmal für die meisten erwachsenen Menschen, die sich diese Vision erschaffen haben, wirklich brauchbar, um sich von der Furcht und der quälenden Frage zum Zustand des irdischen Nichtseins zu befreien.

Meine Strategie ist daher stets die Flucht nach vorne. Der Kopfsprung rein ins Leben. Wir haben Zeit genug zu genießen, zu lachen und zu lieben. Gemeinsam.

Und jetzt: „Ab ins Bett. Es gibt noch so wahnsinnig viel zu träumen."

Warum können wir das nicht kaufen?

Pecunia non olet – Geld stinkt nicht.
(lateinische Redewendung)

Formidable Frage, Kind. Wenn nicht die beste aller Fragen überhaupt. Weil ich mir die pro Tag nämlich auch so an die 15 Mal stelle – in der Ich-Form natürlich. Doch dazu später.

Ansonsten ist – was das Thema „Kind & Geld" angeht – mitunter ganz großes Wundern angesagt. Etwa über die töchterliche Interpretation des Begriffs „Taschengeld". Vermute ich doch, unsere Zehnjährige glaubt tatsächlich, die wöchentliche monetäre Zuwendung sei dazu da, sich Taschen dafür zu kaufen. Jeden Monat eine, manchmal sogar zwei. So zirka 40 hat sie schon – um 30 Stück mehr als ihre Mutter. Das macht nachdenklich, denn: Wo bitte liegen die Wurzeln dieser kleinen Konsumwut? Okay, vielleicht hätten wir Eltern bereits Verdacht schöpfen müssen, als das Kindergartenkind meinte, Geld käme aus dem Geldautomaten wie Seife aus dem Seifenspender. Auf den ersten, naiven Blick – ja doch: Geld kommt aus diesem Selbstbedienungsteil, aber unser Kind dachte stets, das Ding wäre Big Spender – eine unermüdlich Kohle spuckende, druckende, zuckende Maschine. Folglich galt stets die Devise: „Mami, wenn du Geld brauchst, dann hol dir doch eins!“ Das wirkt naturgemäß prägend. Selbstkritisch betrachtet, sind wir, die Erwachsenen, daran nicht ganz unschuldig. Wir erklären Kindern, warum es wichtig ist, aufs Klo Lulu zu gehen, wir lehren sie mit Messer und Gabel zu essen, nicht zu hauen sowie zu Hunden und Omis lieb zu sein. Selbst die Causa „Bienchen und Blümchen“ verlegen wir zunehmend in die allerersten Jahre. Aus dem Spatzi wird ein anatomisch korrekter Penis, aus der Muschi eine funktionelle Vagina. Das ist Transparenz!

Aber wenn es ums Geld geht, tun wir gerade so, als wäre es einfach da. Denn lange bevor Eltern mahnend die großen Zusammenhänge monetärer Kreisläufe erklären und die Kinder beim Monopoly linken, beobachten die Kleinen tagtäglich, wie die Großen bündelweise Scheine aus dem Schlitz ziehen oder mit lustigen Plastikkarten Dinge bezahlen, die sie sich normalerweise gar nicht leisten können. Das ist erstes subtiles Futter für spätere finanzielle Allmachtsfantasien, die vorgaukeln: Die Welt ist ein wunderbares Schlaraffenland, ein gigantischer Konsumtempel, in dem Kindermilchschnitten nicht nur aus dem Supermarktregal in die offenen Mäulchen purzeln, sondern noch supersupergesund sind. Das ist der Stoff, aus dem zukünftige Immobilien- und sonstige Blasen gemacht sind.

Dazu kommt, dass Mutti und Vati ja auch nicht gerade fad sind, wenn's ans heitere Geldausgeben geht. Wir wollen das und das und das haben – und zwar sofort. Kaufen kompensiert – schlechten Sex, schlechtes Wetter, böse Chefs und Stockschnupfen. Irgendwas ist immer, folglich gibt es auch immer blendende Gelegenheiten (und Argumente), das Portemonnaie zu zücken und sich für Momente zufriedener zu konsumieren. Jede Form von Begrenzung ist da bitter – denn im Grunde wollen wir stets mehr vom Mehr. Weil wir sind, was wir haben. Wer wüsste das nicht besser als, hm, zum Beispiel der Besitzer eines Porsche? Oder die Besitzerin diverser Prada-Fetzen?

Jede Menge Gelegenheiten, sich über die Frage „Warum können wir das nicht kaufen?" den Kopf zu zerbrechen, gibt es naturgemäß auch für mich. Bin keine Ausnahme, dafür brauche ich erst gar nicht auf Luxuseinkaufsmeilen wie den Kohlmarkt gehen. Es reicht, wenn ich mich zum Beispiel morgens in der Garage meiner Firma einparke und mich dann ein bisserl umschaue. Hier stehen sie, die feschen Autos der Kolleginnen und Kollegen: Da ein Mercedes, dort ein BMW. Oho. Dann blicke ich auf mein Kisterl, das die meisten Tankwarte durchaus ab-

fällig mit dem Satz „So klein und darf schon super?“ quittieren und spüre: Shit happens, dumm gelaufen. Nur ich fahre eine Schuhschachtel, deren Marke sich keine Sau merkt. Hm. Da pocht es auch schon im Willhaben-Zentrum des konsumkonditionierten Gehirns: „BMW. Mercedes. Warum ich nicht auch?“
Warum?
Darum!
Weil das Geld nicht reicht, der Hund und die Kinder uns arm fressen und ich saumiserabel beim Gehaltspoker bin. E basta!
Besonders fies wird’s, wenn ich beim Frisör sitze und mir das Haupthaar färben lasse. Während die Haarkünstlerin den Pinsel schwingt und aus Alufolie flinke, kleine Päckchen formt, fliege ich mental aus. In die superlative Welt der Lifestyle- und Modemagazine. Dort regiert Konsumgott. Sein Mantra: „Must have!“ Er implantiert Gier in die Zellkerne der Menschen: „Das muss ich haben. Das muss ich mir gönnen. Für diese Handtasche sterbe ich.“ Die DNS-Mutation für Kaufsucht. Ich lerne: Hohe Stiefel sind diese Saison genauso ein Must-Have wie flache, gleichzeitig trägt die Zeitgeist-Fashionista schlichte Pumps, aber nicht ohne der Welt zu zeigen, dass es – auf gar keinen Fall! – möglich sein wird, stilettolos durch die Jahreszeit zu stöckeln. Ähnlich verhält es sich mit: Uhren, Hosen, Röcken, Kleidern, Lidschatten, Augenbrauenstiften, Autos, Wohnungen, Jachten

und Südseekreuzfahrten. Also all den Dingen, die keiner braucht, aber jeder will.
Ich bin trotz aller Verlockungen eh halbwegs widerstandsfähig, mute meinem Umfeld zum Beispiel durchaus Mode zu, die nicht den Must-Have-Kriterien entspricht, im Gegenteil. Ich mute anderen wahnsinnig altmodische, aber dafür wahnsinnig bequeme Sneakers zu und dazu alte T-Shirts aus dem Quelle-Katalog 1979. Sowie – Sie wissen schon – ein Auto, das style-technisch so was von absäuft. Doch wenn ich Stunden beim Frisör sitze und vom Konsumgott-Universum inhaliert werde, dann – ja dann – zerbreche auch ich endgültig an der Frage: Warum können wir das nicht kaufen?
Eine Frage wie ein Drehbohrer in einem eitrigen Zahn – sie tut weh. Sie eröffnet einen bösen Blick auf die Tücken des Kapitalismus. Sofort bricht das Leid des Mittelständlers auf: Wohnung auf Kredit, die Gartenmöbel gerade noch bezahlt, doch für einen Lebensabend in Luxus und Schwelgerei wird's niemals reichen. Lottogewinn? Eher knockt dich ein Ziegelstein nieder. Es mangelt an Erbschaftsgelegenheiten, stattdessen: Bausparen, die Aktie des kleinen Mannes. Sicher und seriös, aber genauso langweilig wie es klingt. Im Vorzimmerkasten ein Glas mit Kleingeld – eiserne Reserve, wenn nix mehr geht, geht's mit dem auch nicht. Reich sind die anderen, reich sind die, die sich die Frage „Warum können wir uns das nicht kaufen?" nur stellen müssen, um bescheiden sagen

zu können: „Au ja, auch wir haben uns diese Frage schon gestellt! Aber jetzt gehen wir einmal eine Runde golfen und plaudern über diese wunderbaren vier Wochen in diesem wunderbaren Luxusspa auf den Malediven, nicht wahr nicht?“

Und ich?

Ich hatsch’ mit den Stiefeln der letzten Saison durch diesen Winter und kann die Malediven einstweilen nur im Internet besuchen. Dafür kratzen wir alles zusammen, um der Tochter den Selbstverteidigungskurs, den Gitarre-Workshop, einen Zirkel, fünf Geodreiecke … und dem Sohn – na ja. Ach und Weh, lassen wir das doch.

Wobei, und das scheint die wahre Crux: Oft einmal komme ich erst gar nicht an den Rand dieser Frage. Ich überspringe den durchaus wichtigen und kritischen Einwurf meines Über-Ichs und stopfe der kritischen Instanz in meinem Hirn den Mund. Ich spiele dann einfach Luxusleben und tu so, als wäre ich reich – meist bei Vollmond oder so. Dann verlasse ich den Frisör, erleichtert um 140 Euro, und fahre nicht nach Hause, sondern in die nächstliegende Einkaufsstraße. Das Must-Have-Mantra im Lustzentrum starte ich meine Tor-Tour und kaufe, was ich mir nicht leisten kann. Dann springen mich Stiefel an, die keiner braucht. Und Unterhöschen, um deren Preis ich meine Familie zwei Tage mit Scampi, Lachs und Kaviar verköstigen könnte. Ich tu es: kaufen, obwohl ich es eigentlich gar nicht kann.

Das ist nicht gut, das ist gar nicht gut. Denn bereits in dem Moment, wo ich das Jagdgut im Auto verstaue, ereilt mich die erste Panikattacke: „Bist du eigentlich vollkommen deppert geworden, wer soll all das bezahlen?“ Ich verstecke pochenden Herzens die Einkaufssackerln im Kasten – nicht vor meinem Mann, sondern vor allem vor mir und meinem Über-Ich. Am liebsten würde ich mich in der Sekunde – mea culpa – zur Selbstzüchtigung zurückziehen. Am nächsten Tag gehe ich dann doch mit den neuen Sachen ins Büro – und fühle mich, ähem: glücklich. Bis zum nächsten Frustkauf.

Von all dem wissen die Kinder natürlich nichts. Wenn ich gefragt werde, warum wir uns dies und das oder jenes nicht leisten können, lasse ich immer die von irdischen Bedürfnissen und Konsumwünschen völlig losgelöste Fachfrau raushängen. Sie hören dann von mir Sätze wie: Mein Gott, wer braucht schon das bisschen Prada zum Glück? Hauptsache, wir haben uns! Oder: Innere Werte zählen, Kinder – innere! Allenfalls auch die harte Moralkeule: Denkt an die Dritte Welt. Oder ich kippe in die Tour: „Als ich so alt war wie du …“ Dann beginnt eine laaaange, nostalgische Reise in meine kleine Kinderwelt auf Zimmer-Küche-kein-Kabinett. Dafür Klo am Gang. Aus heutiger Sicht Substandard. Von damals aus betrachtet ein – nein, mein! – Universum: „Kinder, Kinder so wenig reichte damals, um glücklich zu sein.“

Meist hört die Diskussion an dieser Stelle ruckartig auf,

weil alle Anwesenden gähnend den Raum verlassen. Nicht ohne vorher angeödet zu ächzen: „Mamaaaa. Nicht schon wieder. Was genau hat das jetzt mit den Jeans, der CD und dem neuen Computerspiel zu tun, die wir haben möchten? Zu deiner Zeit gab's doch noch gar keine Jeans. Oder?“ Selbst mein Mann setzt (trotz Kenntnis des fatalen Kontostands) nach: „Damals, Schatz, ist nicht heute. Ich hab mir übrigens drei neue Golfschläger gekauft.“ Das nennt man Vorbildwirkung – Applaus, vor den Vorhang, mein Herr!

In diesen Momenten hätte ich es bei der Wahl des Lebensabschnittpartners seinerzeit dann doch gern wie Madonna gehalten. Die meinte einst: „Der Junge mit dem kalten, harten Bargeld ist immer Mister Right.“ Dann wäre so manches wohl ganz, ganz anders. Zumindest die blöde Frage vom Anfang dieser Geschichte wäre auf wunderbare Weise obsolet.

Warum können wir das nicht kaufen?

Ein Zyniker ist ein Mensch, der von jedem Ding den Preis und von keinem den Wert kennt. (Oscar Wilde)

Es war fraglos ein sehr berührender Weihnachtsfilm. Da saß dieses kleine Mädchen traurig vor dem Fenster, sah den Schneeflocken beim Tanzen zu (im Fernsehen gibt es nämlich immer weiße Weihnachten) und antwortete auf die Frage, was sie sich vom Christkind wünschen würde, lediglich: „Ich will, dass mein Papa nach Hause kommt." Der Vater war nämlich in den Krieg beordert worden und galt seit einiger Zeit als verschollen. Und nicht einmal der Gedanke an das heiß ersehnte Puppenhaus konnte die Tränen des Mädchens verhindern. Die Botschaft kam auch bei meiner Tochter an: Wie relativ materielles Glück sein kann, und wie wenig es im Vergleich zur Liebe zu zählen vermag.
Das Kind saß eingekuschelt auf dem Sofa, weinte mit und ließ sich treiben von dem Gedanken, ihr eigener Papa könnte von heute auf morgen nicht mehr da sein. Oh ja, alles würde sie dann eintauschen, denn nichts sei so wertvoll wie ihre Familie.
Die melancholische Atmosphäre wurde allerdings in

regelmäßigen Abständen jäh unterbrochen. Die im Hintergrund vernehmbaren Klänge der Kirchenglocken verstummten und wurden von elektronischen *Jingle-Bells*-Pop-Versionen, die man sich nun als Klingelton auf sein Handy laden könnte, abgelöst. Die Lautstärke wuchs in Sekundenschnelle zum Lärm, und die Marktschreier des Werbefernsehens brüllten meiner Tochter entgegen: Dass die *Polly-Pocket*-Superboutique nun endlich im Handel erhältlich wäre; dass die neuen Abenteuer von Mario für den Nintendo DS noch mehr Action und Spannung versprächen; zusammengefasst: dass sich coole Kids die ganze Welt in ihrer Farbenpracht und ihrem Abenteuerreichtum ganz easy in ihr eigenes Zimmer downloaden können – Brief ans Christkind beziehungsweise Augenaufschlag vor den liebenden Eltern genügt.

Und weiter geht's. Der Vater kehrt aus dem Krieg zurück … die *Power Rangers* sind auch wieder da, noch größer, noch stärker, noch gefährlicher … der Vater sitzt im Rollstuhl und ist erblindet … Annabell, die neue Puppe, die echte Tränen weinen kann, ist ein Muss für junge Muttis … der Vater hat seinem Kind ein kleines Medaillon mitgebracht … der Weihnachtsmann rast mit seinem voll bepackten Schlitten durch die Glitzerwelt des Kaufhauses …

Ho! Ho! Ho!

In diesem Spannungsfeld wächst unser Kind auf. Auch das ist ein Grund, warum wir uns irgendwann einmal ein

Sky-Abo zulegten, um der aggressiven Penetranz der Werbung zu entfliehen (dass es dort auch die deutsche Bundesliga und Golf-Turniere in bester Qualität zu sehen gibt, war für Papi ein angenehmer Nebeneffekt).

Die Weihnachtsliste meiner Tochter war daher schon in jüngsten Jahren so lang, dass sie mehrere Tage daran kritzelte. Natürlich verstand sie unseren Einwand, dass ein Christkind nicht nach den Prinzipien des Vollkommenheitsanspruchs durch die Wohnungen schwebt, dass also ein gutes Maß an Bescheidenheit durchaus ratsam wäre, aber mehr als ein jungpolitisch korrektes *Eh-klar* war nicht zu ernten.

Denn die Überfluss-Gesellschaft bahnt sich bei ihr immerhin an zwei großen Fronten ihren Weg.

Die Gewissheit, zwar nicht alles haben zu können, aber ganz sicher genug zu besitzen, was nicht notwendig wäre, ist unter ihren Freundinnen einigermaßen stark ausgeprägt. Und dort herrscht gnadenlose Gruppendynamik. Wer den neuesten Nintendo besitzt, darf sich als Ehrenmitglied der Mittelstandselite fühlen. In diesen Verein wollen die anderen auch. So werden coole Schuhe, der iPod und natürlich das Handy zum absoluten Muss auf der Haben-Seite. Doch kaum war das ersehnte Schiebe-Handy in ihrem Besitz, war plötzlich das Klapp-Handy viel *chilliger*, also en vogue. Und noch viel größer war das *Wow-Oho-Aberhallo* im Tussi-Zirkel, als die erste Zehnjährige mit einem Touchscreen-Handy anwackelte.

Da entsteht natürlich ein enormer Druck, den wir Eltern mühsam mit dem Argument „Die Hauptsache ist doch, dass du telefonieren und smsen kannst“ zu nehmen versuchten.
Aber es kann ja kein Zufall sein, dass unter den lieben Kleinen, die dem Einfluss amerikanischer Teenie-Serien ausgesetzt sind, beim Rollenspiel regelmäßig Streit entsteht, weil eben jede gern auf den Namen Paris hören möchte. Keines der Mädels übernimmt den Part einer Renate, Paula oder Bettina. Stattdessen heißen alle Sharon, Stacey oder Wynona, die wiederum die klassischen US-Vertreterinnen jener Jugend sind, die sich vorzugsweise über den Kauf von Schuhen, Taschen und allerlei sinnlosem, aber hippem Schnickschnack definieren.
Klar, dass eine Blondine wie Paris Hilton leicht einmal zum Idol gerät, dessen Lebenslauf nicht näher hinterfragt wird. Paris Hilton ist cool, weil die alles hat (das Hirn ist an dieser Stelle kein Parameter) und immer Party macht (dass dies möglicherweise in Ermangelung von Ideen zu sinnvollen Tätigkeiten geschieht, ist als Gegenargument nicht mehr als ein krass öder Einwand langweiliger Oldies).
Der wesentlich heiklere Einfluss ist aber zweifelsohne jener, den wir als Eltern selbst ausüben.
Es ist zwar unbestritten,
– dass wir nicht einmal annähernd in die Kategorie „reich“ fallen;

– dass wir also erleichtert aufatmen, weil wir vor zwei Jahren aus dem Franken-Kredit ausgestiegen sind, der uns jetzt ins Schuldental der Tränen befördert hätte;
– dass wir das Familienauto, einen Opel Astra, lediglich als Notwendigkeit, um von A nach B zu kommen, erachten und nicht als schmuckes Edel-Blech, das mit uns um die Wette glänzt;
– dass wir ein Abendessen im *Steirereck* als Höhepunkt für einen besonderen Anlass wie etwa einen runden Geburtstag genießen und nicht als Jour Fixe zum Updaten unserer gesellschaftlichen Beziehungen.

Aber: Wir sind auch nicht arm. Und zwar gar nicht. Stattdessen können wir wirklich gut (in Grünruhelage) leben. Mit Schulden zwar, aber im Großen und Ganzen ohne finanzielle Sorgen. Die Kinder wachsen daher im Wohlstand auf und erleben, dass jede Notwendigkeit (und noch mehr) verfügbar, gelegentlicher Luxus ohne große Diskussionen möglich, und das Abhaken von Wunschlisten keine Frage des Könnens, sondern lediglich des Wollens ist.

Das ist ihnen schwer zum Vorwurf zu machen. Denn immerhin obliegt es uns, Relationen für sie herzustellen, Angebot und Nachfrage zu definieren, Normen und Grundsätze zu schaffen. Wir sind es, die dem Anspruch auf Moral in den Kinderköpfen einen gut ausgestatteten Raum designen müssen.

Aber wie glaubwürdig ist es nach dem Nein-nein-nein

zu dem Armreifen-Set um 3,99 Euro im Drogerie-Markt mit dem anschließenden Vortrag über Kinderarbeit in Asien oder Hunger in Afrika, wenn der Vater kurz darauf die Golftasche schultert, um für 25 Euro auf der Driving Range eine Stunde lang Bälle in die Landschaft zu ballern? Wie sehr vermag sich bei unserer Tochter ein Bewusstsein über Preis und Wert zu entwickeln, wenn sich die Mutter nach den Ausführungen darüber, dass Reichtum nicht zwingend glücklich mache, an den Laptop setzt – um online ihre Lotto-Tipps abzugeben, immerhin lockt ein Vierfach-Jackpot?
Selbstverständlich würden wir, so wie es der gesellschaftliche Anstand gebietet, einen Teil der Lotto-Millionen spenden (wie groß dieser Teil wäre, vermag Einblick in den Charakter zu gewähren, mehr noch würde sichtbar, ob und wie sehr die Spenden-Praxis von der Spenden-Theorie im Falle des unerwarteten Geldregens abweicht). Aber dennoch steht die Sehnsucht nach der großen Marie (Sehnsucht klingt immer schöner als Gier) im Widerspruch zum gelebten Mantra „Hauptsache, wir haben uns lieb und sind gesund."
Denn eigentlich bräuchten wir die Millionen nicht, um glücklich zu sein beziehungsweise glücklicher zu werden. Oder doch? Ist nicht der Gedanke daran, den Kredit abzahlen, sich womöglich doch ein tolles Auto leisten oder auch zum Namenstag, Kennenlerntag, Hochzeitstag, Muttertag und Valentinstag im *Steirereck* in die Gänge

kommen zu können, wunderbar? Oder wäre es in Anbetracht der statistischen Aussichtslosigkeit auf den Solo-Sechser nicht viel besser, statt der Investition in einen Quick-Tipp der Tochter ein Armreifen-Set um 3,99 Euro zu kaufen und sich strahlender Augen sicher zu sein?

Im Falle des großen Kassierens beim Glücksspiel wäre zumindest garantiert, dass die Frage „Warum können wir das nicht kaufen?" nicht mehr auftauchen müsste.

Aber allein das wäre schade. Denn die Frage ist wichtig. Und die Antworten darauf noch viel wichtiger. Über den Wert von Geld, den Reflex des Kaufens, die Dankbarkeit für Wohlstand und die bekannte Tatsache, dass nicht alles, was einen Wert auch einen Preis hat.

Meine Tochter dankt das zumindest mit der Hingabe dazu, dass Kleidung und Spielzeug niemals weggeschmissen, sondern weitergegeben werden dürfen, sowie mit der flehentlichen Bitte um Spenden für Kinder, Arme, Kranke oder zumindest der vom Aussterben bedrohten Ostsee-Kegelrobbe. Das schlägt im Ernstfall sogar den Download eines Klingeltons von Katy Perry. Und dafür gibt es Lob: „Gut gemacht, Paris, I love you."

Lasst ihr euch jetzt auch scheiden?

Es ist egal, wen Sie heiraten –
Sie treffen dabei sowieso immer
nur sich selbst.
(Eva Maria Zurhorst)

Eine Scheidung ist fies – sich die schön zu reden ist der Versuch, das Scheitern in Knallrosa zu kleiden. Und auch wenn das Auseinandergehen für manchen Erwachsenen der endlich ersehnte Befreiungsschlag sein wird: Trennung ist trotzdem ein Fiasko. Für die Kinder nämlich. Doch so sehr wir uns auch heute bemühen, dem Nachwuchs alles zu geben, alles zu bieten und alles zu ermöglichen – das Wichtigste wird den Kindern immer öfter genommen: der Fixplatz in einer Geborgenheit, die von beiden Elternteilen getragen und gelebt wird. Ein Ort, der sicher ist und vor allem: sicher bleibt. Stattdessen: Die Barbies, iPods und Nintendos sind da, der Papa ist weg. Und die Mama hasst ihn dafür – mehr oder weniger. Oder umgekehrt. Das gute Familienleben ist rar geworden, altmodisch gar. Harmonie riecht nach Eintopf und Stricknadeln und Auslaufmodell. Die vom Ego inszenierte Flucht ist chic, jede zweite Ehe wird geschieden. Also heißt das allgegenwärtige Angstthema der Kinder längst nicht mehr „Schwarzer Mann“ oder „Was passiert, wenn ich schlechte Noten kassier?“, sondern: „Bleiben meine Eltern zusammen?“ Die Furcht zirkuliert zunehmend um den Riss, der zwischen den Erwachsenen entstehen könnte – wenn wieder einmal Aggressionen und Streit in der Luft liegen. Oder Mama und Papa miteinander umgehen, als hätten sie Messer im Herzen.

Trennung ist so verdammt leicht geworden. Ein Kinderspiel. Unsere Tochter reagiert auf das Thema hochsensibel. In angespannten Situationen agiert sie wie ein Seismograf und fragt uns dann Löcher in den Bauch: „Ist was? Seid ihr böse aufeinander? Warum schaust du so komisch?“ Und natürlich angstvoll: „Lasst ihr euch jetzt auch scheiden?“ Sie, die Kleinere, hasst atmosphärische Störungen, sie wirken auf sie bedrohlich. Da wirft sie sich dazwischen, versucht stets eine Brücke zu bauen und ist bemüht, Harmonie zu schaffen.

Als gäbe es einen Reset-Knopf, auf dem das Wort „Friede“ steht. Doch mit einem schlichten Nein ist es nicht getan – wir schulden ihr Erklärungen, in einer Ära des Auseinandergehens und der zerbrochenen Ehen.

Der Große aus erster Ehe ist da weitaus entspannter. Er weiß um das Leben als Scheidungskind und musste seine

Erfahrungen bereits machen. Heute könnte er, wenn es tatsächlich noch einmal so weit wäre, erwachsen damit umgehen. Es ist nicht mehr sein Leben und im Zweifelsfall sagt er „Mir reicht's jetzt" und verlässt den Kriegsschauplatz. Für die Nachzüglerin wäre unsere Trennung hingegen der Atomangriff auf das Seelenleben, die ultimative Zerstörung all dessen, woran sie glaubt, worin sie sich geborgen und eingebettet fühlt, was ihr Halt und Struktur gibt. Familie ist für sie eine Herzensangelegenheit. Das ist in jeder kleinen Geste zu spüren, und ich wage zu behaupten, so wird es selbst dann noch sein, wenn die Hormone ihr Teenagergehirn in eine chaotische Großbaustelle verwandeln. Sie wird uns zuweilen zwar hassen, aber es lieben, dass sie zwei hat, an denen sie ihren Unmut ausleben kann. Auf einem Fleck, immer da – und nicht an getrennten Orten.

Das Thema Scheidung ist auch deshalb so präsent, weil wir uns ja nur umzusehen brauchen. Bei den Freundinnen und Freunden von Freunden, im Kindergarten, in der Schule: „Weißt du schon, die Dings, genau – die sind jetzt auch nimmer zusammen, dabei war sie gerade erst schwanger." Großes Entsetzen, schrille Betroffenheit. Verkrachte Paare, rasant steigende Scheidungsraten wohin wir schauen. Ganze Talkshows leben davon. Keine Lindenstraße ohne Beziehungsdrama. Vielerorts wird der Alltag von Trennungssituationen bestimmt: Jedes Fest, die Ferien und Wochenenden. Fast jedes dritte Kind ist davon betroffen. Okay, das klingt manchmal auch „cool“: Nach Scheidungswaisen, die doppelt verwöhnt werden – mit Extraportionen an Placebos für die fehlende Sicherheit.

Mit dem Papa geht's in den Süden. Mit der Mama dann nach Norden. Und alle Jahre wieder wird zweimal Weihnachten gefeiert. Scheint super, ist es natürlich nicht. Denn das, was Kinder wollen, wäre so viel einfacher: Zusammengehörigkeit. Und das Gefühl, sich nicht zwischen den Fronten zerreißen müssen.

Da offenbart sich also die ganze Wucht einer Generation, die aufgehört hat, um den gemeinsamen Nenner zu kämpfen. Und es tauchen düstere Fragen auf: Wie ist es, nur bei der Mutter zu wohnen? Wohin geht Papa, wenn er nicht mehr bei uns lebt? Wer bin ich? Wo gehöre ich hin? Wen liebe ich mehr? Wie soll ich mich entscheiden? Und wer sagt mir, was richtig ist?

Ich weiß das, denn auch ich gehöre da dazu. Bin donnernd gescheitert und mit mir mein Ex, der Vater meines mittlerweile erwachsenen Sohnes. Es fällt mir schwer, darüber zu schreiben. Weil ich diese Trennung natürlich auch als mein Unvermögen betrachte, etwas Wichtiges am Leben erhalten zu können und meinem Sohn das zu bieten, was er sich eigentlich verdient hätte. Stattdessen: Erst Intensivstation, dann Pathologie und schließlich: ab ins Familiengrab mit dieser Liebe. Ich frage mich noch heute: Wo lag der Fehler? Lag es an den Sternen? War der

Ort oder der Zeitpunkt der Hochzeit falsch? Hätten wir bei einem anderen Mondstand ja sagen sollen? War der Trauzeuge falsch? Das Brautkleid? Oder lag doch alles an mir? Um am Ende zu sagen: Ich weiß es nicht mehr, Himmel! Es kam einfach so und keiner hat's voraussehen können. Sorry, mein Sohn. Ich habe es nicht besser gewusst, nicht besser gekonnt, nicht besser geschafft. Trotz aller Bemühungen bin ich, sind wir gescheitert. Diese Ehe und diese Beziehung war der unreflektierte Versuch eines Versuchs – getrieben von der kindlichen Illusion immerwährenden Glücks. Als ich diesem Mann versprach, an seiner Seite zu bleiben – „bis, dass der Tod uns scheide" – gab es keine Sekunde des Zweifels, dass es womöglich ganz anders kommen könnte. Küsschen. Umarmung. Herzklopfen. Ein goldener Ring am Finger. Und dann?

Dass – zum Beispiel – eine wiederkehrend nicht zugeschraubte Zahnpastatube der Anfang vom Ende sein könnte, wäre mir niemals in den Sinn gekommen. Und dass er mich und ich ihn eines Tages betrügen würde noch viel weniger. Das Ende kam keineswegs abrupt, es schlich sich in seiner ganzen Gemeinheit in die Nischen der Gemeinsamkeit. Ohne Hass und Hader. Plötzlich war alles unterfüttert von Gleichgültigkeit und von der Erkenntnis, dass von dem, was einst war, kaum etwas geblieben ist. Wir waren anders geworden und keiner hat's verstanden. Ich am wenigsten. Irgendwann begann ich

mich zu fragen: War's das jetzt? Soll das mein Leben gewesen sein – bis dass der Tod mich scheide?
So ist das nämlich: Liebende lernen Liebe nicht – sie stolpern in die Ehen, in dieses Konstrukt aus romantisierter Illusion. Keiner kapiert, was jetzt kommt und was Beziehung bedeutet: Bergbau nämlich, also harte, bisweilen sehr harte Arbeit. Stattdessen ist es ganz normal geworden, leichten Fußes bye-bye zu sagen, den Ort der großen und kleinen Unannehmlichkeiten zu verlassen wie einen Raum, den man nicht mehr zusammenräumen möchte. Davonrennen! Wir wechseln den Baum, statt sich an ihm zu reiben. Die Opfer dieser neuen Leichtigkeit sind die Kinder. Denn freilich: Jene Scheidung, bei der sich alle Beteiligten an der Hand fassen und gemeinsam eine Hymne an den Weltfrieden anstimmen, gibt es nicht. So sehr sich auch alle Beteiligten um eine möglichst friedliche Lösung bemühen – jede Trennung ist eine Zumutung für die Kinder.
Macht man es ein zweites Mal besser? Auf gewisse Weise ja. Wir tappen zwar wieder in dieselben Fallen, aber das dann doch sehender, bewusster und alarmierter. Für mich kann ich das sagen. Auch weil ich dem Schmerz des Kindes ins Auge geblickt habe. Und auch wenn mein damals fünfjähriger Sohn ein Meister darin war, mit dieser Situation gut umzugehen: Ich weiß, dass es ihm unendlich wehtat. Ich weiß, dass wir ihn verletzt haben. Und es macht mir Angst daran zu denken, dass diese

Narben womöglich für immer bleiben. Denn natürlich ist auch nach der Scheidung vieles nicht so gekommen, wie wir Eltern uns das zusammengereimt haben. Der Vater hielt sich nicht an seine Verpflichtung, ganz Vater zu bleiben. Das Kind fragte: Warum? Warum ist Papa nie da, wenn man ihn braucht? Und warum, Mama, hast du ihn verlassen? Wo ist mein Zimmer, mein Platz, meine Heimat? Man kämpfte ums Geld, obwohl wir das niemals so haben wollten. Wie schade: Heute will keiner mehr etwas vom anderen wissen. So – nein so, hatten wir uns das nicht erträumt. Wir dachten, wenn wir reif für die Trennung seien, wären wir auch reif genug, in Würde auseinanderzugehen. So, dass es dem Kind nicht schadet. Und dann passierte genau das Gegenteil davon. Man könnte heulen – und weiß trotzdem: Auch ein Meer von Tränen macht damit nichts wieder gut.

Also setzt man alles daran, sich nicht zu wiederholen. Das Ego – jener Teil also, der an die Religion der Selbstverwirklichung glaubt – wird achtsamer und: bescheidener. Es tritt zurück. Ich bin so viel weicher geworden, vor allem toleranter. Mein Impuls, bei jeder partnerschaftlichen Unpässlichkeit davonrennen zu wollen, ist verschwunden. Ich stelle mich. Ich schaue hin. Weil ich verstanden habe, dass der Mensch, den ich liebe, das repräsentiert, was mich am meisten fordert und weiterbringt. Ich habe also auch gelernt, zu lernen. Da gilt Davonrennen und Versteckenspielen nicht. Es braucht

Bewusstsein und Berge von Willenskraft, dran zu bleiben. Natürlich kann ich unserer gemeinsamen Tochter kein Versprechen abgeben, dass wir uns niemals scheiden lassen werden. Garantien sind unfair und unrealistisch. Aber ich kann ihr zumindest versichern, dass ich alles daran setzen werde, um an mir und an dieser Beziehung zu arbeiten. Mehr noch: Ich will für sie kämpfen, weil ich weiß, dass ich dann für uns kämpfe – als Familie. Ich verspreche Weiterentwicklung. Ich verspreche Aufmerksamkeit. Ich verspreche Mitgefühl. Ich verspreche, da zu sein. Es ist auch ein Versprechen an mich.

Lasst ihr euch jetzt auch scheiden?

Es ist besser, geliebt und verloren zu haben, als niemals geliebt zu haben.
(Samuel Butler)

Vor der Schule stehen die wartenden Mütter, die Kinderparty wird zur One-Woman-Show, und auch beim Elternabend gibt es auffallend wenige Hähne im Korb. Das kann einerseits darauf schließen lassen, dass Erziehung und Engagement in unserer Gesellschaft noch immer weiblich definiert sind. Andererseits lautet die Diagnose nur allzu oft: Den Papa dazu gibt es zwar noch, aber eben nicht mehr als Teil jenes Doppelpacks, der sich einst vor dem Standesamt die ewige Treue zugehaucht hat. Heißt: Papa übernimmt an manchem Wochenende und in manchem Urlaub zwar das Herzibinki für Gelegenheits-Abenteuer, ist aber für die Bewältigung der Alltagsmühen wie die Frage „Was muss für dieses Schuljahr alles in den Werkkoffer gepackt werden?“ nicht mehr gefragt.
In unregelmäßigen Abständen kommt unsere Tochter nach Hause, um kund zu tun, dass sich die Eltern von der Angelika, der Renate, der Beatrice scheiden lassen, und dass ihr jetzt die Angelika, die Renate, die Beatrice gerade

sehr leid tun. Dieses Mitleid richtet sie im nächsten Atemzug schon an sich selbst, und sie stellt sich postwendend die Frage, ob wir eigentlich auch daran denken, uns scheiden zu lassen. Der Blick dabei ist so sorgenvoll und traurig, als wäre es bestenfalls eine Frage von Minuten, ehe Mama und Papa für alle Zeit getrennte Wege gehen. Die Scheidung ist in der Wahrnehmung meines Kindes so sehr Gegenstand des Alltags, dass sie auch eine von uns wieder und wieder beschworene Liebe mit erstaunlicher Skepsis betrachtet.

Hinzu kommt, dass das gute Kind von Geburt an mit einem extremen Sensorium für atmosphärische Störungen ausgestattet ist. Auf der Bebenskala meiner Tochter existiert demnach ein ziemlich hoher Durchschnittswert. Das offenbart sich einerseits in der häufig gestellten Frage, ob ich aus irgendeinem Grund böse auf sie sei, nur weil ich nach einem langen Arbeitstag nicht automatisch den Kasperl spiele (siehe auch Kapitel „Bist du jetzt für immer böse?“). Und andererseits nimmt sie mit Elefantenohren wahr, wenn es im elterlichen Getriebe knirscht.

Dabei ist es nicht gerade so, dass ihr Vater im ohnedies seltenen Fall einer ehelichen Auseinandersetzung wie ein gereizter Tiger durch die Wohnung hetzt und herumbrüllt, als wäre er nicht bei Sinnen, und dass ihre Mutter ihm deshalb furiengleich mit einem Besen nachläuft, um ihn einer routinemäßigen Tracht Prügel zu unterziehen oder ihm zumindest ein Kaffeehäferl nachzuschmeißen.

Nein, die italienische Tragikomödie spielt sich in unserem Haus nicht ab. Vielmehr reicht es schon,

– wenn Mama wieder einmal den von mir über die Sessellehne geworfenen Wintermantel wegräumt, ohne auf die genervte Erwähnung zu verzichten, dass „alle immer alles irgendwo herumliegen, stehen oder hängen lassen – Saustall elendiger";

– wenn Papa wieder einmal den von Mama unökonomisch eingeräumten Geschirrspüler einer Neuordnung unterzieht, ohne auf die genervte Erwähnung zu verzichten, dass jemand, der auf diese Art Teller verstaut „entweder deppert sein muss oder mir etwas zu Fleiß machen will".

– wenn Mama und Papa über die Organisation der kommenden Woche diskutieren und dabei mit einem leichten Hang zur Aggression fordern, dass der jeweils andere dies oder das unbedingt erledigen müsse, weil selbst: keine Zeit, keinen Plan, keine Lust.

Das und noch tausend andere Kleinigkeiten sind für unsere Tochter Indizien genug, um regelmäßig das Ende des Glücks nahen zu sehen. Ein leicht gereiztes „Was, heute ist schon wieder Fußball?" aus Mutters Mund genügt oft schon, um daran zu glauben, dass in den nächsten Tagen der Scheidungsrichter an der Tür läutet, um mit seiner Angst erregenden Fratze die Frage zu stellen: „Herrschaften haben gewählt? – Scheidung, bitte gerne, wenn Sie dann bitte hier unterschreiben wollen."

Dann ist es höchst an der Zeit für kindervolksbildnerische Vorträge mit der Aufklärung darüber, dass eine Partnerschaft neben Küssen, Füßekraulen und dem gegenseitigen Vermitteln von kreativen Liebesschwüren mitunter auch Wut, Kompromisslosigkeit und demonstratives Schweigen erleben kann und vor allem darf (das Kapitel mit der Einzigartigkeit von Versöhnungssex bleibt freilich unerwähnt).

Dem gegenüber steht die Statistik. In Wien werden mehr als die Hälfte aller Ehen lange vor dem Durchbrechen einer Zehn-Jahre-Schallmauer geschieden. Weil der eheliche Einheitsbrei offenbar nicht mehr mundet, und die Sehnsucht nach den zarten Filetspitzen, wie sie einst kredenzt wurden, stärker ist als der Wille, den gegenwärtigen Speiseplan zu überarbeiten. Die gegenseitige Entwöhnung bildet sich wie Hornhaut an den Füßen – plötzlich hat man nichts mehr zu sagen, zu tun, zu träumen. Und der Fluchtreflex ist aktiviert.

Die dicksten Tränen dabei vergießen dann Angelika, Renate und Beatrice. Den Kindern zu erklären, dass gegenseitiges Liebhaben keinem Automatismus unterliegt, und dass man eine kaputte Beziehung eben nicht mirnixdirnix zum Reparaturservice bringen kann, wo Kopf, Herz und Lenden mit ein paar Handgriffen neu justiert werden, ist eine mitunter aussichtslose Herausforderung. Und dennoch, so erkläre ich meinem Kind aus tiefster Überzeugung, ist eine Trennung in jedem Fall der bessere

Weg als eine Vernunftehe, die alles, nur nicht vernünftig ist. Ein Zusammenbleiben um des Kindes wegen, des Geldes wegen, der Bequemlichkeit wegen, nur nicht mehr der Liebe wegen wird auf Sicht vermutlich noch viel mehr Schaden anrichten. Das künstliche Aufrechterhalten der Harmonie und Verdrängen atmosphärischer Dauertiefs ist bei der Bewusstseinbildung mindestens so brutal wie die lautstarken Auseinandersetzungen unter Hinzufügung aller erdenklichen Verletzungen.

Dann schon lieber Klarheit. Auch wenn die im Augenblick das Bild von der heilen Welt in Scherben legt und die Wahrscheinlichkeit auf ein späteres Bedürfnis nach Gesprächstherapie und/oder Familienaufstellung massiv erhöht.

Aber es ist in unserer Zeit schon so, dass die Bereitschaft, an einer (ehelichen) Beziehung intensiv zu arbeiten, abgenommen hat. Dass der letzte Wille fehlt, Liebe anders zu definieren als über das einzigartige und wunderbare Kribbeln im Bauch, das es doch irgendwann einmal gegeben hat. Ginge es danach, hätte ich schon oft an Scheidung denken müssen.

Denn natürlich treibt mich der Alltag manchmal an den Rand des Wahnsinns. Natürlich entsteht in periodischen Abständen die Sehnsucht, sich nicht erklären zu müssen. Natürlich stellt sich gelegentlich die Sinnfrage,

– wenn ich am Samstag mit dem Vorrat für vier Menschen und einen Hund in der Supermarkt-Warteschlange

statt bloß mit lässigem Handgepäck am Flughafen für den spontanen Städteflug stehe;
– wenn ich am frühen Abend nach Worten suche, um die Konstruktion einer Kreissehne zu erklären, statt mit dem besten Kumpel darüber zu diskutieren, in welchen Lokalen das Frauenangebot lohnend sein könnte;
– wenn ich *Vier gewinnt* statt Golf spiele, nach dem Wäschetrockner statt Bundesliga-Live-Konferenz schaue und familiäre Reizüberflutung statt wohltuender Stille fühle;
– wenn, wenn, wenn ...
In solchen Augenblicken erscheint es mir legitim, mir selbst die Fragen zu stellen: Was tue ich hier? Ist es wirklich das, was ich immer gewollt habe? Und dafür habe ich meine Freiheit eingetauscht? Und es ist ebenso erlaubt, zumindest im Geiste die eigene totale Unabhängigkeit zu skizzieren, die Unbeschwertheit der frühen Jahre einzufangen sowie den Druck einer Partner- und einer Vaterschaft in das Reich der Theorie zu verbannen. Diese Art von Sehnsucht zu leugnen, wäre unehrlich.
Aber in gleichem Maße sind es oftmals gerade diejenigen, die alle diese Ingredienzien des Single-Daseins auskosten dürfen, die von einem Nest, einer zur Anlehnung einladenden Schulter und einem Kind träumen. Die Panikattacken wegen der im Eiltempo tickenden biologischen Uhr haben dem Geschäft mit Single-Börsen zum einzigartigen Boom verholfen und neidvoll auf das Monstrum Familie blicken lassen.

Ich habe eine wunderbare Tochter. Und mit dem Entschluss, die Herausforderung Kind anzunehmen, habe ich in meinem Bewusstsein auch eine enorme Verantwortung übernommen. Und die lautet unter anderem, dafür zu kämpfen, nicht nur ein bestmöglicher Vater, sondern mit der gleichen Überzeugung auch ein bestmöglicher Ehemann sein zu wollen. Um jenem kleinen Menschen, der mir wichtiger ist als alles andere auf der Welt, die Geborgenheit eines Elternhauses zu ermöglichen. Dieser Gedanke dominiert mein Handeln und führt mir meine Schwächen, die um Selbstreflexion betteln, regelmäßig vor Augen. Und er spiegelt sich im täglichen Arbeitseinsatz gegen den Stillstand und für die Weiterentwicklung eines Ehelebens.
Zumal ich überzeugt bin, dass es die Beziehung, in der alles viel besser wird, selten gibt. Vor allem dann, wenn wir die eigenen Muster nicht aufgeben und der Illusion erliegen, das Feuer einer neuen Leidenschaft könnte diesmal länger lodern. Für mich ist klar: Verlieben kann man sich schnell einmal, aber Liebe ist nicht nur gegeben, sondern muss auch Tag für Tag erarbeitet werden. Der Schmerz wird dabei gratis mitgeliefert. Das versuche ich auch meiner Tochter zu erklären. Eingehüllt in den beruhigenden Beipack-Text, dass sie die Energie, die sie in ihre Angst vor unserer Scheidung investiert, lieber anders nützen sollte. Denn allmählich wäre es beispielsweise an der Zeit, das Wesen der Kreissehne endlich zu erfassen.

Bist du jetzt für immer böse?

Kinder müssen die Dummheiten
der Erwachsenen ertragen,
bis sie groß genug sind,
sie selbst zu machen.
(Jean Anouilh)

Sie sind das Kleingedruckte des Ehe- und Familienvertrags – diese bewölkten Tage. Tage, an denen man mit links alles an die Wand kleben könnte, was einem aus dem Kreis der Liebsten am dritten Auge kitzelt. Meist beginnen diese Tage mit dem bissigen Klingeln eines Weckers, zu einer biorhythmisch völlig vertrottelten Zeit. Ich habe schon zu meiner Schulzeit nicht verstanden, weshalb der Unterricht hierzulande unbedingt Punkt acht Uhr morgens beginnen muss. Ich verstehe es auch heute noch nicht, welcher Morgenmensch sich das hat einfallen lassen. Es ist bürokratischer Unsinn, wider alle Naturgesetze – lebensfremd.
Du peitschst dich also aus dem Bett, du peitscht das Kind aus dem Bett, und den dazugehörigen Vater. Das halbe Jahr ist es zu dieser Zeit in unseren Breiten so finster wie

in einem fensterlosen Kellerabteil. Es riecht im Übrigen auch so: nach finster und vor allem nach Keller. In so einem Ambiente heiter und mit einem Scherz auf der Lippe aufzuwachen, scheint – zumindest für mich – ein unmögliches Unterfangen. Aber freilich, auch dieses üble Ritual wird genauso zur Gewohnheit wie der Blick in den Spiegel um diese Zeit.

Dir schaut ein Gesicht entgegen, für das ein Geisterbahnbesitzer ganz sicher guten Stundenlohn bezahlen würde. Es ist das ungeschminkt-verschwollene Grauen, mit dem es gilt, nachsichtig umzugehen. Das gelingt auch meistens, genauso wie es irgendwie auch immer gelingt, die Frühstücksszenerie so zu gestalten, dass wenigstens am Esstisch ein bisschen Licht ins Geschehen kommt. Wir versuchen uns an glücklichem Müsli, Brot und Gebäck. Wir versuchen, zu reden oder einander gegenseitig aufzumuntern. Und scheitern doch immer wieder fröhlich daran.

Aber, wie gesagt: Es gibt diese Tage. Da mag das rituelle Animations-Programm im Dienste der Harmonie nicht und nicht anspringen. Es erstirbt bereits im Ansatz, noch schlimmer: es kippt. Der Wecker läutet, alle träumen gerade sooo schön von für immer still gelegten Weckern, der Wecker läutet noch einmal. Dann ist es fast schon zu spät. Alle hetzen. Just in solchen Augenblicken schlägt das Schicksal gleich mehrfach zu. Die Schuljause vom Vortag – in Form von mittlerweile total zergatschter

Beeren – hat sich auf wundersame Weise verselbständigt und alle Hefte und Bücher des Kindes versaut. Und ja, shit, wir haben leider vergessen, dass heute – heute! – dieser total spannende Schulausflug geplant ist. Das Kind hat darauf vergessen, Mama und Papa haben darauf vergessen.

Die Wanderschuhe, die dafür vonnöten sind, kugeln unauffindbar im Schlund unserer Stauräume herum, der Rucksack schimmelt, die Regenjacke ist zu klein. Und selbstverständlich ist auch der letzte Kinderfahrschein aufgebraucht. Also dient sich der Vater des Kindes ekelerregt an, die Beeren-Misere zu beseitigen, obwohl er eine ärztlich diagnostizierte Allergie gegen alles hat, was pickt. Während ich, die Mutter, in die Untiefen unserer Kästen stürze, um das Unauffindbare zu finden. Das allerdings nicht ohne gegenseitige Schuldzuweisungen, die wie Curare-Pfeile durch die Atmosphäre zischen: „So deppert muss man einmal sein, der Tochter Beeren mitzugeben. Beeren! Warum gibst du ihr nicht, wie alle anderen Mütter auch, ein Jausenbrot mit? Einen Apfel? Eine Müslischnitte? Beeren! Pah." Und ich: „So deppert muss man einmal sein, die Wanderschuhe hinter dem Rasenmäher zu verstecken. Weshalb stehen die nicht dort, wo sie immer gestanden sind? Neben dem Weihnachtsschmuck. W wie Weihnachtsschmuck, W wie Wanderschuhe!" Dazu untermalt das Kind: „Wäh, muss ich diese braune Hose anziehen? Ich will einen Rock." Um diese

Zeit wirken die sowieso schon lauten Töne um einiges lauter, als sie eigentlich gemeint waren. Noch dazu, wenn der Minutenzeiger brutal schnell seine Runden dreht, besagte Wanderschuhe zwar auftauchen, aber leider schon zu klein sind und der rosa Rucksack – mit den lustigen blauen Elefanten drauf – der Tochter nicht mehr konveniert, weil: kindisch, den trag ich nicht, nein-nein-nein, den trag ich nicht. Der familiensystemische Adrenalinspiegel steigt, der Papa pickt, die Tochter bockt, die Schultasche stinkt, der Hund winselt, es beginnt in der Wohnung grauenhaft zu donnern und zu schneien. Frost. Frust.

Kaum hat man sich's versehen, stecken alle Beteiligten in einem kalten Beeren-Krieg. Das Kind sagt zehn Mal ein „Tschuldigung", dessen satirischer Unterton kaum zu überhören ist. Es muss also als Verhöhnung aufgefasst werden, als ein die Erziehungsberechtigten abwertendes, verklausuliertes *Geht's-doch-scheißen*. Der Vater brütet seine Wut inwendig aus und sagt nichts. Was auf extrem unangenehme Weise aber eh alles sagt. Höchste Zeit für einen befreienden Tobsuchtsanfall, den ich der Familie mit einem Mir-reicht's-machts-doch-euren-Dreck-selber an die Wangen klebe. Türen werden zugeschlagen – zu den jeweiligen Zimmern, zu den Herzen der Protagonisten. In der Luft liegt Wut. Wut auf den Wecker, auf die Wanderschuhe, auf Beeren und Tage wie diese.

Erwachsene Wut hat für Kinder meist etwas von Endzeit.

Sie wirkt bedrohlich, weil sie endgültig und vehement entschlossen erscheint – als etwas, das kaum mehr reparabel ist. Sie steht im Raum wie ein Manifest, das in eine Steintafel geschlagen wurde. Und gerade Kinder glauben, dafür verantwortlich sein zu müssen, indem sie eine Mittlerrolle einnehmen wollen. Für sie ist ein Streit immer eine Notlage, ein Schwarzweiß-Szenario, in dem es – wie in den grausigen Märchen von den Grimms – nur das Entweder-oder gibt. Gut oder Böse. Dass das Böse auch gut sein kann, steht da nirgends. Aus ihrer Sicht betrachtet, müsste der Kasperl das Krokodil totmachen – in dem Fall also der Papa die Mama oder vielleicht doch besser umgekehrt. Das ist natürlich Humbug.

Was Kinder begreifen müssen: Eine Beziehung ist kein Barbieschloss, in dem perfekte Menschen perfekte Dialoge absondern und alle alles verstehen – im Sinn der Perfektion. Gott sei Dank ist das nicht so. Und damit meine ich nicht nur die Verbindung zwischen Mann und Frau, sondern sämtliche interaktiven Fäden, in die eine Familie verwickelt ist. Kind und Eltern, Eltern und Kind. Die Kinder, so es mehrere gibt, untereinander. Mama und Papa sowieso. Wer lebt und liebt, muss hie und da einmal toben dürfen, sich beim anderen auskotzen können. Unfein, unhöflich, unangepasst, unbequem. Ekelhaft. Das, genau das, gilt es dem Kind beizubringen – als dringend notwendige Maßnahme zur persönlichen Seelenhygiene. Das Leben ist vieles, aber kein Weichspülprogramm. Gefühle zu zeigen, wenn Emotionen angesagt sind, das macht aus Menschen authentische, greifbare Wesen. Auch angreifbare, stimmt. Aber das ist notwendig, um das Bedrohliche in die Schranken zu weisen, vor allem aber: Um nicht zu ersticken, am Dreck des Alltags, an den vielen kleinen Bösartigkeiten, die sich zwischen den schönen Dingen verstecken und dir das Leben versauen können.

Kinder lernen, wie sie zwanzig Äpfel durch vier Birnen teilen, sie lernen Prädikate zu bestimmen oder dass Eva in diesen verdammten Apfel gebissen hat. Was ihnen von niemandem beigebracht wird, ist eine Kultur des Streits, einer Auseinandersetzung, die am Ende etwas hervorbringt, statt alles zu zerstören. Das den Kindern zu zeigen, ist Aufgabe der Eltern, indem sie zwischen Beeren-Krieg und Schuldzuweisungen niemals aufhören, einander zu respektieren. Das gilt für ihn, das gilt für mich. Das gilt aber auch für den Umgang mit dem Nachwuchs.

Also, daher: Ja, wir sind böse. Aber nicht böse. Wir sind in der Sekunde des Fühlens böse, um unser wahres Gesicht zu zeigen: Das passt mir jetzt nicht. So bin ich jetzt. So geht's mir jetzt. Hier ist meine Grenze! Doch das heißt nicht, dass wir in diesem Zustand verharren wollen. Schon gar nicht für immer. Da ist die Sonne, da ist der Himmel, da sind die Wolken – und da ist die Bühne, wo sich all diese Protagonisten des Lebens zu immer neuen Szenarien vermischen. Im Clinch entwickelt sich der Mensch – je näher dran, desto spürbarer. Das Allerwichtigste, gerade im streitbaren Umgang mit Kindern: Am Ende des Tages muss es eine Versöhnung geben. Kinder, aber auch sich selbst, unversöhnt in den Schlaf zu schicken, das wäre böse. Und schließlich gibt es nichts Schöneres als den Zauber der Reinigung, der entsteht, wenn alle wieder gut sind. Samt dazugehörigen Simmawieda-gut-Bussis und einer Umarmung in Liebe.

Bist du jetzt für immer böse?

Oft führ' man gern
aus seiner Haut
doch wie man forschend
um sich schaut
erblickt man ringsum
lauter Häute
in die zu fahren auch
nicht freute.
(Eugen Roth)

Jeden Abend dasselbe Theater. Jeden Abend dieselben Strapazen für die Nerven. Es beginnt mit dem milden Hinweis darauf, dass im Zimmer nebenan ein Kinderbett steht, dass allmählich darauf wartet, belegt zu werden. Dem folgt die obligatorische Frage: „Jetzt schon, warum?" Dem wiederum folgt die ebenso obligatorische Antwort „Schau auf die Uhr!" Die Grimasse, die den ganzen kindlichen Widerwillen signalisiert, nehme ich schon gar nicht mehr wahr, sehr wohl aber die nun einsetzende Verzögerungstaktik.
Im Zuge derer verschwindet die geliebte Tochter mit Vorliebe auf dem Klo, wissend, dass ihr von elterlicher Seite sicher zu keiner Tageszeit ein Verdauungsverbot auferlegt wird. Das stille Örtchen verdient sich demnach seinen Namen, denn es ist tatsächlich kein Mucks zu vernehmen. Was daran liegt, dass Madame die Einsamkeit dazu nützt, um in Jugendzeitschriften zu blättern und die

wichtigen Fragen des Psycho-Tests („Was ist für dich bei einem Jungen am wichtigsten: a) Charakter, b) Aussehen, c) Outfit?") gewissenhaft auszufüllen. Oft einmal zieht sie sich aber auch mit Cornelia Funkes Buch *Tintenherz* zurück, in welchem man sich zwischen den Seiten 451 und 563 schon einmal ein wenig verlieren kann.

Nach etwa zwanzig Minuten klopfe ich erstmals an die Tür, um mich nach dem Befinden beziehungsweise der Entwicklung des abendlichen Stuhlgangs zu erkundigen. Und ich höre immer: „Gleich!" Dieses Gleich heißt frei übersetzt *Und tschüss* und dauert in jedem Fall so lang, bis ich mich zehn Minuten später erneut an der Tür melde, diesmal schon pumpernd: „Bitte, Schatzi, mach jetzt weiter, nicht am Häusel übernachten, sei so freundlich." Dieser Aufforderung wird mit Vorliebe ein Bin-eh-schon-fertig entgegnet, welches sich schon fünf weitere Minuten später im Betätigen der Spülung als Vollzug etabliert. Weil es aber so ist, dass unsere Tochter eine gesunde Einstellung zu ihrem Körper hat und dem auch mit leidenschaftlicher Brüterei Tribut zollt, erscheint es uns wichtig, diesbezüglich keinerlei Druck und Vorwürfe zu erzeugen. Was nichts daran ändert, dass die Zeit vergeht und zunehmend eine innere Anspannung entsteht. Daher: „So, du Hockerin, und jetzt aber hurtig. Waschen, Zähne putzen, und ab ins Bett."

Erst in diesen Augenblicken fällt ihr ein, dass sie noch ein Stück Brot essen, einen Schluck Wasser trinken, das

Gewand für morgen herrichten, eine Unterschrift im Mitteilungsheft einholen, einen verschollenen Ohrring suchen und ein Poster aufhängen muss. Faszinierend dabei ist, dass sie all das im Bewusstsein propagiert, dass ein Beben mit der Stärke neun auf der nach oben offenen Eltern-Skala minütlich näher rückt. Und dennoch tänzelt sie in nicht bewährter Tradition durch die vielen Schikanen unserer Nervenbahnen, um am Ende unweigerlich einmal mehr mit Tränen in den Augen ihre Lebensbeichte mit den Worten „Ich wollte doch nur …“ abzulegen.

Auch ein Appell wie „Ich habe dir schon hundert Mal gesagt, dass …“ oder die Variante „Ich sage es jetzt zum letzten Mal“ verfehlt regelmäßig seine Wirkung. Der Akt des Zähneputzens wird Abend für Abend als wenig gewissenhafte Nebentätigkeit während des Spaziergangs durch die Wohnung und während des Erhaschens offenbar immerzu sehenswerter TV-Werbesequenzen vollzogen, die abgelegten Kleider finden sich als kompakter Haufen in irgendeinem Eck der Wohnung, und zwischendurch piepst und brummt es, weil der SMS-Wahnsinn über keinen Biorhythmus verfügt. Und so rede und rede ich, bitte und fordere, drängle und mahne – von „Tu weiter“ über „Das kannst du morgen machen“ bis „Hast du schon endlich …?“. Dabei spüre ich, wie nach einem langen Tag die Kraft aus mir weicht, die Geduld schwindet und die Emotion der Marke Ungut erwacht.

Wenig erstaunlich daher, dass der Siedepunkt irgendwann zwischen 20.25 und 20.35 Uhr erreicht ist und in einer klaren lautstark vorgetragenen Botschaft gipfelt: „So, mir reicht's jetzt. Ich habe die Nase wirklich voll. Ab jetzt sage ich nichts mehr, mach doch, was du willst." Als effektvolle Begleitmaßnahme kann es dabei schon vorkommen, dass eine Zeitung durchs Zimmer oder eine Tür wuchtig ins Schloss fliegt. Das muss sein, so viel Recht auf Wut steht mir zu.

Und dann geht plötzlich alles ganz schnell. In jener Zügigkeit, die ich mir von Anfang an gewünscht hätte und die einem zehnjährigen Mädchen auch zuzumuten ist. Wie verwandelt zelebriert das Kind den Weg ins Bett, mit nahezu traumwandlerischer Konsequenz, stets in der Hoffnung, die schlagartig einsetzende Disziplin könnte das aufreizend provokante Brodeln kompensieren und meine Gemütslage wieder rasch ins Lot bringen.

Aber leider haben auch Erwachsene keinen Schalter eingebaut, der aus gut abgelegenem Zorn zumindest gespielte Fröhlichkeit macht. Denn es geht immer um ein Miteinander, und auch das zugedrückte Auge im Angesicht kindlichen Übermuts reicht mitunter nicht aus, um eine Grenzverletzung zu empfinden, zu formulieren und in letzter Konsequenz auch zur Schau zu tragen.

Das sind wesentliche Lernprozesse, dass Bögen nicht dazu da sind, um sie mutwillig zu überspannen. Und dass ein Bewusstsein entsteht, das da lautet: Auch wenn wir im Grunde mit unerschütterlicher Liebe dem schatzizentrischen Weltbild folgen, so gibt es dennoch das Papa- oder Mama-Ich, das zu respektieren wenigstens in Ausnahmefällen notwendig ist – im Sinn von Respekt, Harmonie und Rücksichtnahme. Das erlernbar zu machen – auch das fällt in die Kategorie erzieherischer Notwendigkeiten. Nur dann wird bei meiner Tochter irgendwann die Erkenntnis reifen, dass ihre Eltern wie sie selbst der Spezies Mensch angehören, mit allen dazu gehörenden Schwächen. Wut inklusive – manchmal sogar eine, die ungerecht ist.

Zumal es ohnedies zu einer der größten Herausforderungen zählt, jenen Ärger, gewachsen aus morgendlichen Müllabfuhren, mittäglichen Büro-Problemen und frühabendlichen Supermarktkassenstaus, nicht an anderen Menschen zur Entladung zu bringen. Mehr noch wenn sie Kinder sind.

Aber

– wenn nach so einem Tag auf dem Heimweg das Telefon läutet, und ich höre die Stimme meiner Frau, die mich bittet, bei einer Bäckerei vorbeizufahren, weil dort zwischen Semmeln und Laugenstangerln auch das Handy meiner Tochter, das sie ebendort ausgestreut hat, lagert;

– wenn ich am Wochenende quer durch Wien reisen muss, um ein Nintendo-Ladekabel zu kaufen, weil das Original leider von der justament bei uns hoch aktiven Geisterhand räuberisch entwendet wurde;

– wenn eben dieses Ladekabel nur einen Tag später auftaucht, weil die groß angelegte Suchaktion leider nicht auf den Koffer, der im letzten Urlaub zum Einsatz gekommen war, ausgeweitet wurde;
– wenn die Uhr im Turnsaal, die Kuscheltiere im Park, das Hausübungsheft in der Schule oder sonst irgendetwas irgendwo, und das zum x-ten Mal, vergessen wurde;
– wenn dazu der Sohn, der für sich längst den Erwachsenen-Status in Anspruch nimmt, es wieder einmal verabsäumt hat, den Rasen zu mähen, den Mist wegzubringen oder seine Frühstücksutensilien auf statt im Geschirrspüler zu stapeln;
dann ist es garantiert kein Vergehen an der Menschlichkeit, seinem aktuell gereizten Empfinden für alle gut hörbar Ausdruck zu verleihen und zu brüllen: „Das macht mich wahnsinnig!“ Oder: „Schalt doch dein Hirn ein!“ Oder einfach nur: „Das darf doch einfach nicht wahr sein!“
Aber klarerweise legt sich jeder Groll irgendwann, wenn auch nicht unbedingt durch die kindliche Maßnahme des Augenaufschlags und der beherzten Frage: „Bist du jetzt böse?“ Natürlich, ja! „Für immer?“ Herrje. „Was soll die blöde Frage?“
Das sitzt. Und erzeugt in einem Kind naturgemäß jene Schuldgefühle, die zwar einerseits berechtigt erscheinen, sich aber andererseits nie zur seelischen Folter und zu leicht vermeidbaren Ängsten entwickeln dürfen.

Durch Lautstärke, durch Anklage, und am allerschlimmsten durch Schweigen. Deshalb ist die Eruption des Papa-Vulkans manchmal unvermeidlich, bleibt aber stets und bedingungslos ohne zerstörerische Lava.
Denn es kommt der Moment, wo noch einmal in aller Ruhe die Ereignisse besprochen, die Fehler aller Beteiligten aufgearbeitet, gemeinsame Ideen zur Verbesserung für die Zukunft erarbeitet werden – spätestens vor dem Einschlafen. Denn wenn es schon ein Familien-Mantra gibt, dann jenes, dass unsere Tochter Abend für Abend, so verpatzt kann die Theaterinszenierung gar nicht gewesen sein, friedvoll ins Traumland begleitet wird.
Und das einzig Böse ein läutender Wecker ist.

Hast du den Papa mehr lieb als mich?

Lieben heißt einverstanden sein.
(Barry N. Kaufmann)

Da ist er wieder. Dieser Blick. Zehn Kilo Locken, Augen so groß und dunkel wie ein Bergsee im Herbst. Der Kopf liegt etwas windschief. Genau so dass auch den müdesten aller Müttern klar wird: Hoppla, aufpassen! Da kommt jetzt was. Das ist diese Das-muss-jetzt-sein und Mama-da-geht's-jetzt-um-etwas-Haltung. Der Ton ist schrilldringlich nuanciert. Emotionen wie auf kleinen, glühenden Kohlen. Eine Mutter weiß, da knallt – jetzt! gleich! – eine Frage durch den Raum. Eine, die man entweder ganz schnell oder gar nicht beantworten kann. Ganz schnell, das wäre dann ein „Mama, kann ich ein Eis, obwohl ich ja schon ein Eis?" Da geht's dann zackzack, je nach aktueller Mama-Laune: „Kein Eis, Schluss, aus, basta, ich hab's echt satt von dem Bauchwehgejammer!" Oder aber müde, resigniert: „Na gut. Eis. Aber das war

das letzte für die nächsten drei Stunden, okay?" – „Okeeeee."
Doch vielleicht ist alles auch ein bisschen anders. Und das Kind stellt wiederum nicht nur eine Frage an das bemühte Muttertier, sondern eine an das Leben. So etwas ist verdammt existenziell, vor allem aber so akut wie Klogehen-müssen nach sehr vielen Limonaden an einem heißen Sommertag im Bad. „Bitte, bitte, Mama." Also gut: Vergessen wir das mit dem Ganz-schnell ganz schnell wieder. Denn, hoppla: Es geht weder um Eis. Noch um Schokolade. Auch nicht um ein paar Scheiben Extrawurst, die jetzt unbedingt in ein Salzstangerl müssen, weil das Kind in der Sekunde darauf Lust hat. Oder diese Puppe, diese eine Puppe.
Es geht um die Liebe. Und um den Vergleich der Liebe. Die Tochter hat die Eltern gesehen – ihnen zugesehen, wie sie miteinander umgehen, in diesen raren Momenten der Bedeutsamkeit. Scheinbar unbeobachtet, ein paar Meter abseits der Alltagshaltestellen irgendwo zwischen Kochtopf und „Tempo, Tempo, kleine Schnecke." Die zwei nahmen sich eine Sekunde länger als sonst an der Hand. Die umarmten sich, bitteschön, mitten in der Küche! Die wirkten, als gäbe es für Sekunden nix als zwei Liebende, die sich halten und umarmen wollen. Obwohl der Nudelwasserkochtopf gerade übergeht und der Rest der Familie mit einem Loch im Bauch herumsitzt.
Das Kind hat sich gedacht – nein vielmehr gespürt:

Moment! Der Papa hat die Mama so angeschaut, wie – wie ich den Christbaum zu Weihnachten. Warum schaut mich der Papa so nie an? Oder die Mama? Die Tochter wägt ab, fühlt. Kann das sein, dass sie anders geliebt wird – womöglich weniger bedeutsam? Zehn Kilo Locken, ein Blick aus dem Epizentrum des Bergsees und darin die ganze, schwere, tiefe Konsequenz folgender Frage: „Hast du den Papa mehr lieb als mich?" Das Nudelwasser hat den Herd versaut. Und wir wissen: Da geht es jetzt um was.

„Also Kind", hole ich aus und komme mir vor wie eine, die nicht belehren möchte, es aber trotzdem tun muss. „Also Kind, Gefühle, und schon gar nicht die Liebe – die lassen sich nur äußerst ungern vergleichen. Wenn überhaupt."

Denn, bitte: Ist die Seele messbar? Gibt es eine Maßeinheit für das Spüren? Kann ich Emotionen in Schachteln kaufen, wo drauf steht: „100 mg Elternliebe"? Habe ich mich lieber als deinen Bruder? Liebst du deinen Teddybären mehr als dein allerliebstes Kuscheltier? Spürt unser Hund, dass er in der familiären Nahrungskette der Liebe zwar ganz unten angesiedelt ist, aber deshalb immer noch mehr geliebt wird als diese eine Urschlumpftante, die alles mies macht?

Wenn's nach dir ginge, Mädchen, dann wäre die Liebe manchmal ein Hütchen-Spiel. Eine Partie Würfel-Poker. Oder eine Spielrunde im hölzernen Kaufmannsladen.

Wo wir einander, je nach Laune kleine lustige Holzäpfel zuschieben und damit jonglieren: „Ätsch, ich hab mehr, und du hast weniger. Weil du böhöse warst und blöhöd!" Liebe – gemessen an der Gegenwart, gemessen an Augenblicken, gemessen an Launen. Liebe – verglichen. Und auch: Liebe – ganz oder gar nicht. Ein Bauchgefühl, das sich durch die Qualität der Momente seinen Weg bahnt. Ein Jongliergegenstand. Aber nein: Die Liebe, die fortgeschrittene, reife Liebe des Erwachsenen, lässt sich einfach nicht messen und vergleichen. Die legt sich wie ein Seidentuch über uns und ist einfach da. Mal mehr, mal weniger – aber immer anders.

Liebe kommt, und das ist ja das eigenartige, schwierige und Zauberhafte daran, in so vielen Verkleidungen daher. Verliebe dich in einen Mann! Habe Jahre, viele Jahre und noch mehr mit ihm. Die Liebe mäandert dann wie ein Fluss, sie wird einmal übergehen, sie wird ein andermal fast vertrocknet sein, sie wird Schneisen schlagen, sie wird zaudern, zappeln, zergehen. Oder auch: vergehen. So, genau so, ist die Liebe zu einem Menschen, für den du dich eines Tages bewusst entschieden hast. Sie ist und bleibt unstet, nicht in Verlässlichkeit zu gießen.

Das also ist die Liebe zu ihm, zu deinem Vater. Der stand eines Tages da, meinte, ich sei eine, mit der er es nett haben könnte. Wenigstens für ein paar Nächte Spaß, Nähe, Lust und Austausch. Aber dann hatte sie sich eingeschlichen, klammheimlich, die Liebe nämlich. Das

Seidentuch hüllte uns beide in eine lange, große, allumfassende Geschichte. Und wenn sie nicht gestorben sind, na ja: du weißt ja! Dann lieben, streiten und lieben sie sich weiter, deine Eltern. Und ja: Jetzt haben wir den Salat. Jetzt lieben wir einander – mal so, mal so, mäandernd. Und? Liebe ich dich deshalb weniger?

Ich liebe dich, mein Kind, nicht weniger und nicht mehr. Aber so wunderbar anders. So verdammt anders, so tiefgründig, so schicksalhaft, so universell, wie man nur lieben kann. Deinen Vater habe ich mir ausgesucht, den habe ich sehen können, der war da und fassbar: blond, blauäugig, schamlos charmant. Der Ladykiller und Panzerknacker meines Herzens. Für den habe ich mich entscheiden können – ich hatte die Wahl.

Aber du?

Du warst neun Monate eine Vorstellung dessen, was ich lieben werde. Dich habe ich schon geliebt, da warst du noch gar nicht da. Du warst eine Idee, ein Phantom, ein Sehnsuchtswesen. Ich wusste nichts von dir – außer, dass du in meinem Bauch herumturnst wie eine russische Leichtathletin beim Wettkampf. Ich wusste, du hast zwei Beine, zwei Hände, einen Kopf und einen Körper. Doch den Rest fantasierte ich mir in meiner Sehnsucht nach dir zusammen. Ich erträumte mir Augen und Blicke, einen Mund und sein Lächeln, Hände und das, was sie eines Tages tun werden. Ich habe dich mir erdacht – und in diesem Denken entstand, schon lang bevor ich dich in

meinen Armen halten und fühlen konnte, eine Liebe, die universell ist. Und frei von Bedingungen. Dich zu lieben, war und ist ein Urknall. Unvermeidlich, essenziell, lebensverändernd.
Mit Männern schließen wir Frauen ganz gern einen Ehevertrag. Sicher ist sicher. Wir knüpfen also unsere Zuneigung an Konditionen, an ein Regelwerk von Achtung und Respekt, von Wenn und Aber. So entsteht ein Geflecht, in dem Gefühle eingebettet und kontrollierbar werden. Ich kann hingehen und ihm, dem Papa, ins Gesicht bläffen, wenn mir was nicht passt: „So war's nicht ausgemacht! So nicht. Halte dich gefälligst an unser Abkommen!" Auch wenn es vielleicht nicht viel ändern wird. Aber so ist der Deal. Das bettet die Liebe in einen Verkehrsgarten, begrenzt und definiert sie.
Die Liebe zu einem Kind ist dagegen grenzenlos. Sie verschwimmt, hat keine Zäune und endet nirgendwo.
Der pure Absolutismus des Herzens. Da gibt es keine Tauschgeschäfte und keinen Rahmen, in den wir die Bedingungen für unser Lieben gießen. Denn egal, wie dieser kleine Mensch aussehen mag, egal, was er tut oder denkt – nichts davon wird für einen Verstoß aus unserer Herzstation reichen. Wir werden leiden, wir werden dulden, wir werden lieben. Immer. Weil wir Eltern sind.
Es wird nicht einfach und trotzdem so einfach sein. Und keiner kann daran etwas ändern. Das hat viele, wunderbar bekömmliche und erträgliche Aspekte des Seins. Wer

ein Kind liebt, erlebt Heiligkeit. Hier hören die Gefühle auf, sich einzuschränken. Aber genau das macht es auch ein wenig unerträglich und schmerzvoll. Es darf ruhig einmal so gesagt und betrachtet werden: So schön, so absolut, so bedingungslos all das ist, was wir für unsere Kinder empfinden – so kompliziert wird dann manches. Kinder halten Eltern in ihrer Liebe gefangen – sie nehmen Mutter und Vater die Leichtigkeit des Seins. Denn genau in dieser Liebe tun wir uns schwer, das, was wir so unglaublich lieben, los- und irgendwann fliegen zu lassen. Diese Nähe macht uns verrückt vor Sorgen. Wir haben Scheiß-Angst, dass etwas passiert, dass wir als Eltern falsch liegen, dass es das Schicksal mit dieser so besonderen Liebe nicht gut meint. Dass wir scheitern. Und dass uns der Urknall abhanden kommt.
Trotzdem werden wir niemals aufhören, weiter zu tun in dieser Bedingungslosigkeit. Wir werden loslassen, auch wenn wir es nicht können. Wir werden lieben und das Kind lehren müssen, auch ohne uns glücklich zu werden. Weil auch das Liebe ist. Deshalb werden wir …

Es lehren ohne, Netz auf einem Seil zu tanzen,
bei Nacht allein
unter freiem Himmel zu schlafen
in einem Kahn
auf das offene Meer hinauszurudern

Man sollte sie
lehren
sich Luftschlösser
statt Eigenheime zu erträumen
nirgendwo sonst
als nur im Leben zu Hause zu sein
und in sich selbst
Geborgenheit zu finden.
(H. H. Dreiske)

Das Schöne daran: Diese Liebe bleibt. Auch wenn du, mein Kind, schon längst erwachsen bist und uns nicht mehr brauchst.

Hast du die Mama mehr lieb als mich?

Liebe ist ein Kunstwerk.
(Ingeborg Bachmann)

Am Anfang war die Liebe zum Ultraschall-Bild. Da kauert man mit einem leichten Anflug der Lächerlichkeit vor einem Mini-Foto und ist bemüht, aus den schwarzweißen Konturen mit der Anmutung einer miserabel aufgelösten Weltraum-Analyse eines Wissenschaftsmagazins etwas Bewegendes herauszulesen. Man versucht an jenen Stellen, an denen die Frau Doktor mit kleinen x-Markierungen jenes Körnchen sichtbar macht, das irgendwann einmal der Kategorie Mensch zuzuordnen sein soll, Leben zu entdecken – „jööööö" tönt es, und „uuuuuiii". Diese Sprache ändert sich auch in den folgenden Monaten nur unwesentlich, mit dem Unterschied, dass Kopf, Arme und Beine, später sogar Gesicht, Hände und Füße zumindest schemenhaft erkennbar werden. Was bleibt, ist die mitunter kindische Begeisterung für das kindliche Heranwachsen. Aber mit jedem Mal, da die Frau Doktor den Bauch mit durchsichtigem Pudding zukleistert, um mit einem Gerät das Innere bildlich nach außen zu transportieren, rückt die Realität der nahenden Vaterschaft ins

Bewusstsein, nimmt die Wucht der kommenden Verantwortung zu, intensiviert sich ein Gefühl, das mit keinem Gefühl je zuvor vergleichbar ist.
Ich glotze auf das Bildchen und mir wird warm. Und jedes Mal wieder stellen mir alle Menschen, die Zeugen meiner Leidenschaft und meines Stolzes werden, die gleiche Frage: „Hättest du lieber ein Mädchen oder einen Buben?" Dabei ist mir de facto nichts mehr wurscht als das Geschlecht. Aber damit geben sich die Neugierigen nicht zufrieden, weil sie ja erst im Wissen um x- oder y-Schwerpunkte Plan B, nämlich die Suche nach einem Namen, zum Tagesordungspunkt erklären können. Also sage ich: „Wenn ich wählen könnte, dann hätte ich gern ein Mädchen" – „jööööö", tönt es, und „uuuuuuiii", aber diesmal nicht aus meinem Munde.
Das Schicksal wollte es jedenfalls so, dass mir ein Papa-Mädi zur Herausforderung werden sollte. Und mit jedem Tag und Monat, da die Metamorphose meiner Frau zu einem dicken Käfer, der sich am Ende nur mehr seitlich aus dem Bett rollen kann, voranschritt, wuchs die Sehnsucht, die Bindung, die Liebe. Ich legte Hände und Ohren auf den Schwangerschaftsbauch, gierig nach Aktionismus. Ich drückte sanft, hoffend auf Dialoge. Ich streichelte, redete und fühlte.
Ich schlief mit den Gedanken an väterliche Hoffnungen und Ängste ein und wachte mit den Gedanken an väterliche Entschlossenheit und Ungewissheit auf.

Mein Leben drehte sich um meine Tochter. Nur sie drehte sich partout nicht in die optimale Geburtsposition. So, wie sie auch fast drei Wochen später als ausgemacht zur Welt kam. Gerade so, als wollte sie meine Spannung bis zum Maximum ausreizen. Gerade so, als wollte sie mir sagen: „Mit jedem Tag, den Du wartest, wird deine Liebe wachsen und unsere Symbiose reifen."

Und so geschah es. Am Ostermontag des Jahres 2000 war der Himmel über Wien strahlend blau und ein kräftiger Sturm zog durch die Stadt. Wiewohl das Wetter in meinem Leben kaum jemals eine Erwähnung wert ist, damals offenbarte mir die offensichtliche Metaphorik die Hingabe zu meinem Kind. Denn in der eigenen Verrücktheit sind das Blau und das Strahlen, sind der Wind und die Kraft ein Fressen für philosophische Betrachtungen (jedenfalls mehr als die ständigen Interpretationen im Tierkreisverkehr).

Meine Frau saß erst auf einem großen Gummiball, um dann doch in die liegende Position zu wechseln. Ganz banal. Keine Rede mehr von den beispiellos brillanten Hängekörben und Spezialgestellen, die uns im Geburtsvorbereitungskurs als sanfte Innovationen präsentiert worden waren.

Punkt 18 Uhr hatte das Warten ein Ende. Punkt 18 Uhr durfte sich mein Blick endlich vom Wellental des Wehenkurvendiagramms und von der gewöhnungsbedürftigen Mimik der seit Stunden Wehen-leidigen

Mutter abwenden und die Vollendung des Wunders Geburt bestaunen. Punkt 18 Uhr war ich Vater.
Und plötzlich war alles anders. Plötzlich verwandelte sich die monatelange Theorie in ein herzhaftes Brüllen. Plötzlich durchfuhr mich ein Gefühl der Glückseligkeit, wie ich es jetzt und nie werde beschreiben können. Ich schnitt die Nabelschnur durch und zitterte am ganzen Körper. Und später, als ich meiner Mutter per Telefon die Nachricht ihrer Großmutterschaft übermittelte, begann ich auch noch hemmungslos zu weinen. Was soll das sonst sein außer Liebe, die wie ein Meteoritenschwarm über mich kommt?
Die Hebamme lächelte mich an und fragte mich, ob ich meine prächtige Tochter gleich baden wollte. Und ich lächelte zurück und sagte nur: „Nein, bitte nicht böse sein, aber so zittrig wie ich bin, könnte ich nicht einmal einen Bleistift unfallfrei reinigen. Lassen Sie mich einfach nur zusehen und in aller Ruhe glücklich sein."
So war das. Einzigartig, unvergessen, prägend für mein restliches Leben. Und als ich dieses zauberhafte Wesen erstmals im Arm trug, Hände streichelte und Wangen küsste, war mir klar: Erst jetzt weiß ich, wie sich die pure Liebe anfühlt. Anders wäre es auch nicht zu erklären, dass ich gleich am darauffolgenden Tag bei meiner ersten Wickel-Lektion über das ganze Gesicht strahlte, als befände ich mich auf Exkursion durch die Manner-Fabrik. Dabei erinnerte der Geruch im Raum eher an ein

seit Wochen irgendwo zwischen den Spitalsbetten verwesendes Tier. Egal. Ich liebte den Gestank.
Und von nun an war ich das, was Verwandte, Freunde und Bekannte schlicht „einen Papa, der sein Mädchen vergöttert“ nannte. Als solcher verabschiedete ich mich auch für ein Jahr aus dem Berufsleben, um mein Recht auf Karenz, mein Recht auf Nähe zum Kind wahrzunehmen. Ich wollte die Gewissheit haben, dass ich alle jene Möglichkeiten, die mir gegeben sind, der weltbeste Vater zu sein, auch tatsächlich nütze. Ich wollte Kind pur. Und ich will Kind pur. Bis heute. Nichts hat sich verändert an dem Bedürfnis, meine Tochter bei mir und um mich zu haben, sie zu spüren, sie zu verstehen, sie unendlich zu lieben. Ich habe sie mir so sehr gewünscht, und ich betrachte sie als Geschenk von unschätzbarem Wert.
Und es vergeht kaum ein Tag, an dem es mich nicht drängt, ihr genau das auch mitzuteilen. Sie liebt die Geschichte ihrer eigenen Geburt und mein Bekenntnis zum schönsten Tag meines Lebens. Sie kann gar nicht genug davon kriegen, wenn ich ihr zu verstehen gebe, dass sie tatsächlich der erste und einzige Mensch ist, den ich mehr liebe als mich selbst.
Das dankt sie mir mit Herzenswärme, Zärtlichkeit und unerschütterlichem Vertrauen. Auch lange nach der Phase, in der ich für sie der einzige Mann war, den zu heiraten vorstellbar gewesen wäre. Erst vor kurzem tat sie vor

versammelter Familie kund, dass es trotz des intensiven von gegenseitigen Liebesschwüren geprägten SMS-Austausches mit einem attraktiven 12-Jährigen an einer Wahrheit nichts zu rütteln gäbe: „Der Papa wird immer, immer meine Nummer eins bleiben."

Dieses Credo wird das gute Kind spätestens in der hochpubertären Schaffenszeit möglicherweise etwas adaptieren, an der Gewissheit einer ganz sicher außergewöhnlichen Vater-Tochter-Beziehung wird sich aber kaum je etwas ändern. Mein Kind ist die Blüte, und ich genieße mein Wurzel-Dasein.

So, das war jetzt eine kurze Vorgeschichte. Wie war die Frage? Ach ja: „Hast du die Mama mehr lieb als mich?"

Wie aus heiterem Himmel werde ich mit jener kindlichen Naivität konfrontiert, die nach einer tieferen Wahrheit verlangt als der lapidaren Bemerkung, man könne die eine Liebe mit der anderen nicht vergleichen. Denn oft reicht für meine Tochter schon die Umarmung meiner Frau, ein Kuss oder ein inniger Blick, um Zweifel an ihrer Einzigartigkeit zu entwickeln. Zumal die erwachsene Konkurrentin tatsächlich tat, wovon das Kind einst nur träumen durfte: Mich heiraten nämlich (obwohl die Worte, ich würde immer, immer die Nummer eins bleiben, der Gattin trotzdem eher nicht über die Lippen perlen). Die Antwort auf die Frage fällt dennoch kurz aus: „Ich liebe deine Mutter, wie man eine Frau nur lieben kann. Und nur, weil ich das tue, konnte ein so wunderbarer Mensch wie du entstehen. Du bist das Ergebnis meines Glaubens, dass deine Mama die Frau meines Lebens ist. Aber dich, mein Schatz, dich liebe ich bedingungslos. Für diese Liebe wird es nie ein Wenn oder ein Aber geben. Für diese Liebe würde ich tatsächlich alles tun. Für diese Liebe lohnt es sich zu leben."

Ich sage es und bin in diesem Augenblick tief beeindruckt von mir selbst. Gerührt. Zufrieden. Stolz. Und meine Tochter strahlt über das ganze Gesicht, fühlt sich bestätigt in ihrer Großartigkeit und ihrem Glück.

Dann nimmt sie ihren Nintendo, drückt den Startknopf und sagt abschließend, ohne mich dabei anzusehen: „Okay, wenn ihr wollt, dürft ihr jetzt knutschen."

Sind wir schon da?

Man sollte jeden Tag tanzen,
und sei es nur in Gedanken.
(Rabbi Nachman von Bratslav)

Nur kurz einmal hingesehen, auf den ersten Blick also, handelt es sich bei dieser Frage vor allem um eine, die auffällig an den Nerven zerren kann. Man stelle sich bitteschön vor: Hoher August. Die Hitze flirrt und Eislutscher lösen sich in Zuckerwasser auf, noch ehe man sie aus dem Papier geschält hat. 99,9 Prozent der heimischen Stadtbevölkerung stöhnt, medial beeinflusst, unter der *Affenhitze*, dem *Tropensommer*, den *Hundstagen* und dem *Rekordaugust*. Nur die lustige Familie Hufnagl hat am heißesten Tag des Jahres die Koffer gepackt, um aufzubrechen. In den Urlaub.
Kaum bewegt sich das mit Koffern und Kindern prall befüllte Auto gen südlichen Stadtrand, raunt es auch schon von den billigen Plätzen, Reihe zwo: „Wie lange farma noch? Sind wir schon da?" Auf einen vernünftig

gestressten Erwachsenen, dem die Zeit eh stets davon zu eilen scheint, wirkt diese Frage, als käme sie von der ganz feindlichen Front. Denn für uns, die Mutter, den Vater, hat gerade etwas begonnen, das wir im Moment recht gut brauchen könnten – Urlaub nämlich. Jene sehnsuchtsbesetzte Zeit, in der sich die Zeit zeitlos ausbreiten darf, in der alles träger tropfen kann. Und in der wir Fragen nach der Zeit als Nuklearschlag auf die erhoffte Erholung betrachten.

Erholung also. Dringend. Doch die kommt nicht mit einer tickenden Uhr an der linken und einem Handy in der rechten Hand daher. Die sehnt sich nach einem Stillhalteabkommen mit dem Terminkalender, nach trägen, gedehnten, zähen Momenten, in denen sich Gedanken zu Girlanden fügen. Oder nach nichts als einem Longdrink mit zwei Strohhalmen und einer knallroten Cocktailkirsche dran. Aber dann das da, aus Reihe zwo: Jener Satz, der uns an den Alltag erinnert – an Momente, wo wir schwer atmend den Supermarkt stürmen und in der Zeitnot alles zusammenkaufen, was ein schnell gekochtes Mahl gewährleistet. Dann wird schnell gegessen, schnell *gute Nacht* gesagt, schnell geschlafen und schnell erwähnt, dass diese Scheißwoche unglaublich schnell vergangen ist. Wenigstens einmal pro Jahr muss der Mensch aus diesem fatalen Fahrplan raus dürfen.

Also versuchen wir die Kinder und deren störende Zeit-Gefühle während dieser Urlaubsfahrt in den Süden auszutricksen. Mit Musik und kleinen Hörspiel-CDs zum Beispiel. Ein zutiefst masochistisches Unterfangen, das den Beginn der „schönsten Zeit des Jahres" mit Benjamin-Blümchen-Gefurze oder heiteren Schlagern („Wer hat an der Uhr gedreht?", „Ein Bett im Kornfeld.") markiert. Nicht minder beliebt sind an reifen Gehirnzellen zerrende Spiele wie: „Ich seh und seh, was du nicht siehst und das ist – roooot!" Genauso wird Zeit totgeschlagen – und mit ihr jede Form von halbwegs brauchbarem Denkvermögen. Ja, das Grauen hat einen Namen und heißt: Autofahrt mit Kind(ern) – egal in welche Himmelsrichtung. Manchmal lügen wir auch knallhart und beinahe ungeniert, indem wir sagen: „Nimmer lang dauert's. Wir sind eh fast schon da." Was natürlich ein Riesenblödsinn ist: Vom Altmannsdorfer Ast an einen schönen Kärntner See sind es ungeschminkte vier Stunden. Ohne Lulupausen. Was die Kinder, mit einem Grundmaß an Intelligenz ausgestattet, spätestens in Guntramsdorf notieren und erneut Richtung Cockpit reihern: „Simma bald da? Wie lange farma noch? Mir is soo fad. Mir is soo schlecht. Ich hab Hunger. Ich hab Durst. Ich muss aufs Klo."

Das ist eben der feine Unterschied: Während die Großen unter dem Eindruck rasanter Vergänglichkeit um jede Sekunde ringen, also quasi chronisch mit dem und öfter gegen den Uhrzeiger-Sinn hadern, sich also manchmal wünschen würden, der Moment solle – jetzt, genau jetzt! – einfrieren, haben es Kinder voller Frohsinn eilig. Weiter. Weiter. Weiter. Logisch. Fühlen sie sich doch – und das sage ich ein bisschen neiderfüllt – eingebettet in ein Kontinuum des Seins, das sich, bis zu einem gewissen Alter zumindest, völlig losgelöst von Vergänglichkeit und Zukunft versteht. Kinder wollen alles, und das jetzt – gleichzeitig ist es ihnen scheißegal, ob die Tage vergehen, ihre Jugend verwest, und man pünktlich sein sollte. Sie haben kein Problem damit, wenn Stunden, Tage, Jahre älter werden. Ihr Leben ist (noch) Spiel. Und Spiel bedeutet Unbegrenztheit, Sorglosigkeit, Zeitlosigkeit. Weil sie nichts und niemand verpflichtet. Außerdem agieren sie exakt antizyklisch zu dem, was Mama und Papa gerade wollen. Haben die es eilig, wird das Kind garantiert in den Slow-Motion-Modus verfallen und das Nervenkostüm der Eltern mit vielen kleinen Stichwunden ruinieren. Die sich täglich im Sumpf der immergleichen Stehsätze wiederfinden: „Mach weiter, zieh dich an, weißt du eigentlich, wie spät es schon ist?“ Die Früchte unserer Liebe kümmert das alles nicht: Die Achtjährige kann sich just jetzt nicht entscheiden, welche Sommerhose sie mitten im Tiefwinter eh nicht anziehen wird dürfen. Der Vierzehnjährige muss dringend noch ein paar Monster am Computer erledigen. „Jaha. Gleiheich!“ – „Muss das jetzt sein?“ Oh shit, die Uhr tickt. Und wir sind immer noch nicht dort, wo wir sein sollten. Fragen uns, von der Zeit bedrängt: Warum, um

Himmels willen, müssen wir überhaupt irgendwann wo sein? Wann hat das begonnen? Und warum hört das nie mehr auf? Da war doch mal was – ein vom Uhrblatt losgelöstes Sein und Lieben – zwei Menschen, wunderbar vakuumverpackt. Küssend und liebend und zeitlos verstrickt. Von Stunden, Minuten, Sekunden befreit. Heute sticheln wir: *Wann* machst du das *endlich?* Hast du *schon?* Wirst du *bald?*

Doch schau an, wieder ist es Herbst geworden – im Kalender notieren wir: „Gestern bin ich an einem lauen Augustabend schlafen gegangen, heute an einem trüben Novembermorgen erwacht. Die Zeit ist eine Hure."

Sind wir bald da? Ja, Kind. Und mit jeder Zeiteinheit, in der wir dem Bald-da-Sein näher rücken, wird ein Haar noch grauer, eine Falte noch tiefer, die Gestik noch müder, der Gang noch schleppender.

Aber natürlich lebte auch ich einmal zeitbefreit, im weitesten Sinn halt. Da war auch mir scheißegal, ob es Mitmenschen, besonders die Eltern, eilig hatten. Zeit war Welt. Meine nämlich. Ein ganzes Universum, so schien es. Andererseits fand ich stets, dass Dinge, die aus meiner Sicht sofort zu geschehen hätten (diese Schuhe will ich haben. Und zwar jetzt! Diesen Film will ich sehen – und zwar gestern!) auch in der Sekunde geschehen müssten. Außerdem gab es einmal eine Ära, in der Schulstundenfresser symbolisierten, was ich von der Zeit hielt: Sie möge, bitteschön, vergehen. Mit jedem bunt angemalten

Kastel (= gefressen) schwand die Schulzeit und wuchs das Glück. Eine Maßeinheit für Lust und Freiheit. Das ist lange her. Aus heutiger und so genannter Altersweit-Sicht, war damals alles noch viel langsamer. Die Sommer waren Sommer. Die Ferien echte Ferien. Heiß. Schwebend. Schön. Das Jahr war ein Jahr, und ich kannte Begriffe wie Stress, Termindruck, Altern nicht. Das Privileg der frühen Jahre.

Heute ist alles anders, heute frisst ein mir unbekanntes schwarzes Loch die Stunden weg, und ich würde sie mir gerne recyceln lassen. Befreit vom Druck, den mir jede zu schnell vergangene Minute beschert, wünsche ich mir sie Tag für Tag ein Stück zurück. Gäbe es einen Stundenfresser, so müsste ich jetzt die Kasteln zurückholen aus ihrem verzehrten Zustand, sie von Farbe befreien, sie leeren und mit dem befüllen, was mir sinnvoll erscheint. Damit sie mir wieder fröhlich zur Verfügung stehen.

Stattdessen läuten morgens drei Wecker. Meiner um 6.20 Uhr, seiner um 6.30 Uhr, jener des schulpflichtigen Kindes um 6.45 Uhr. Ab dann agieren wir im unerbittlichen Stundentakt. Um 7.50 Uhr Ablieferung bei der Schule, um 8.30 Uhr ein Termin in der Stadt, um 10 Uhr Konferenz – tam, tam, tam. Irgendwann landet jeder von uns im Schoß des Sofas und möchte sich in seinen Chronografen übergeben.

Also steckt in dem Satz „Sind wir schon da?“ bei näherer Betrachtung viel Bedeutenderes als unsere kleine Reise in den Süden und diese Fragen nach dem nächsten Halt, dem nächsten Klo, der nächsten Kinderschnitte. An die scheinbar so lästige Frage ist Umfassenderes geknüpft, als logische Konsequenz des Zeit-Erlebens: Wohin geht die Zeit, wenn wir schlafen? Oder aber: Was kommt, wenn die Zeit zu Ende ist? Und selbstverständlich: Wann bin *ich*, bitteschön, endlich da? Da nämlich, wo ich glaube hinzugehören – im Sinne eines Platzes, einer Idee und einer Form von in der Zeit verwurzelten Glücks. Sodass ich mich in mir und dem, was ich tue, aufgehoben fühlen kann. Angekommen, satt und weise.

Stattdessen laufe ich herum – mit den Gedanken und dem Herzen irgendwie immer und überall, nur nicht im Jetzt. Dort und da und da und dort. Nie hier und nun. Es ist eine Form atemloser Zeitreise, in der ich aufgehört habe, dem Moment meine ganze Aufmerksamkeit zu schenken. Lieber sorge ich mich, was noch kommen könnte und was alles schon war. Irgendwann habe ich die kindliche Kunst, der Zeit zu vertrauen, vergessen. Also: Nein, ich bin nicht da – und werde auf diese Weise auch nie da sein. Ich habe verlernt zu trödeln, mir selbst beim Leben und Lassen zuzusehen, vor allem aber mit dem zufrieden zu sein, was gerade ist. Dafür plane ich, bis zur Peinigung vorausschauend, meine Zeit als rastlos Zeitreisende, verschiebe auf später und später und ärgere mich morgen dumm und deppert über die Ansammlung meines Zeitmülls. Sind wir schon da? Nein.

Doch ja – ich könnte es sein, wenn ich endlich aufhören würde, die Zeit, die uns geschenkt wurde, als etwas zu betrachten, das ständig nachwächst. Denn was am Ende bleibt, ist die Summe jener Momente, in denen wir uns ganz nah waren. In denen wir dem nah waren, was uns ausmacht. Dabei geht es wohl auch darum, sich der Zeit anzuvertrauen – „Überlassen Sie dem Zeitlosen die Verantwortung für die Zeit“ (Deepak Chopra) – statt sich ein graues Haar nach dem anderen zu grübeln. Wann sind wir endlich da?

Kind, schau doch mal hin: Wir sind doch schon da. Wir leben. Wir lieben. Wir fahren. Jetzt. Und alles ist gut und wird gut.

Achja: Ich-seh-und-seh-was-du-nicht-siehst-und-das-grinst-grad-blöd. Genau: Das ist die Mama, die gerade begriffen hat, wie's gehen kann. Und wie nicht.

Sind wir schon da?

Das Reisen führt uns zu uns zurück. (Albert Camus)

Ja, die Frage nervt. Sie nervt Legionen von Eltern, und sie hat schon die Eltern der Eltern und die Eltern der Eltern der Eltern genervt. Aber ich habe großes Verständnis für diese Frage. Denn je älter ich werde, desto mehr verabscheue ich das Reisen und desto öfter stelle ich mir die Frage selbst: Wann bin ich endlich da?

Es ist ja nicht so, dass ich nicht gern an anderen Orten wäre. Ganz im Gegenteil. Vor allem Städte faszinieren mich, und ich könnte gar nicht genug davon bekommen, die Metropolen und Lebenskulturen dieser Welt zu erforschen und miteinander zu vergleichen. Ich bin also gern hier zu Hause und gern dort in der Fremde. Das Problem ist lediglich die Zeit dazwischen. Ich will von hier nach dort, aber ich will nicht reisen.

Deshalb übe ich auch ziemlich viel Druck auf den in unserem Haushalt lebenden Physik-Studenten aus, er möge doch aus der ewigen Idee des Beamens endlich eine Realität machen. Und zwar pronto. Denn es wäre günstig, könnte der reisefreie Transport Alltag werden,

noch ehe ich mich in jenem Alter befinde, da ich mich bestenfalls noch vom Parkbankerl zum Bett und retour beamen könnte, und selbst das höchst beschwerlich wäre.
Ich will weg, und ich will ankommen. Denn die Wahrheit des Reisens ist doch die: Egal mit welchem Verkehrsmittel – die Zahl der zu transferierenden fröhlichen Gesichter liegt verdammt nahe bei null.
Beispiel Auto: Ich muss bereits vor Reiseantritt ein System austüfteln, wie ich die Koffer und Taschen so im Kofferraum platziere, dass zumindest ein kleines Sichtfenster frei bleibt. Spätestens am Gipfel des Grünen Bergs, also nach dem ersten überstandenen Stau in der Wattgasse, huscht der erste Fluch über meine Lippen, weil: Ein Stau in der Wattgasse ist nix gegen jenen in der Altmannsdorferstraße.
Ich benötige bereits gute 30 Minuten, um überhaupt die Wiener Stadtgrenze hinter mir zu lassen. Anschließend mutiere ich zum Lemming, der im Strom der Automobilisten auf engem Raum vorrangig damit beschäftigt ist, am Leben zu bleiben.
Die Autobahn nämlich ist der beliebteste Tummelplatz von Irren und Träumern, was grundsätzlich keine gute Kombination ist. Es wimmelt von blechernen Stalkern, die rasen, drängeln und hassen, schleichen, nicht blinken und bei jedem Wetter die Nebelschlussleuchte aktivieren. Von Reisenden, die sich im Reich der Anarchie wähnen,

weil das permanente Brechen von Gesetzen nirgendwo so ungeahndet bleibt wie hier. Von Aggression, Fahrlässigkeit und Idiotie.
Und ich verwende viele Stunden dafür, in Spiegel zu glotzen, Sitzpositionen in kaum wahrnehmbaren Bereichen zu verändern sowie zwischen viertem und fünftem Gang zu wählen (und da sind die Phasen des Schritttempos noch außer Acht gelassen). Das einzig Spannende auf dem Weg ins Urlaubsdomizil ist die Frage, ob sich die im 20-Minuten-Takt gesendeten Meldungen im Verkehrsfunk verändern („der Stau beginnt sich aufzulösen" – na toll, es war leider der andere).
Beispiel Bahn: Das ist natürlich die wesentlich stressfreiere Variante. Sieht man von dem Umstand ab, dass man sein Gepäck durch Hallen, über Bahnsteige und durch enge Türen unter Berücksichtigung meterhoher Stufen wuchten muss. Ehe man anderen Menschen mit Gepäck gegenübersteht, was meistens in umständlichen Manövern zur Fortsetzung der eigenen Wege endet. Alle sind jedenfalls voll beladen auf der Suche nach ihren Plätzen (die sie im Idealfall wenigstens reserviert haben). Ab dann wird gesessen, gelesen, gehört, gestarrt. Und sehnsüchtig jede Station erwartet, weil dort Abwechslung geboten ist. In Form von Menschen, deren hektische Ein- und Aussteigeaktivitäten vor allem deshalb Freude spenden, weil man es selbst bequem hat und ebendieses Procedere hinter sich weiß. Dann: Sitzen, lesen, hören,

starren. Und natürlich schauen, wie spät es ist. Achten Sie darauf: Nie glotzen Menschen öfter auf ihre Uhren als in Zügen. Der Grund dafür ist die permanente Sehnsucht nach der eigenen Zielstation – lieber endlich mühsam rauswurschteln als noch eine Minute zu sitzen, ein Kapitel zu lesen, ein Lied zu hören, einen Wald vorbeiziehen zu sehen. Achten Sie darauf: Nirgendwo stehen die Menschen früher zur Flucht bereit bei den Ausgängen als in Zügen.

Eines sollte man so oder so vermeiden: Einschlafen. Nicht nur, dass der Anblick entschlummernder Menschen, denen der Kopf zur Seite fällt und deren halb geöffneter Mund ein Bild des Jammers ergibt, wenig zur Förderung eines ästhetischen Bewusstseins beiträgt, nein: Es ist gefährlich.

Nach meiner letzten nächtlichen Zugreise wachte ich nach einem 30-minütigen Nickerchen mit einem derart steifen Hals auf, als wäre ich nicht in, sondern unter einen Zug geraten. Der Arzt sollte später ein so genanntes Cervikalsyndrom diagnostizieren, aber immerhin: Ich durfte das Spital schon nach acht Tagen und geschätzte 73 Infusionen später verlassen. Die Schwester sagte lakonisch: „Da haben Sie vermutlich leider irgendwo einen Zug erwischt“ und wusste gar nicht um den Gehalt dieser bahnbrechenden Erkenntnis.

Beispiel Flugzeug: Da es sich leider etwas mühsam gestaltet, mit dem Auto nach Moskau oder mit dem Zug

nach Chicago zu reisen, ist das schlimmste aller Transportmittel unumgänglich. Unsere Freundin sagt immer: „Fliegen ist schon toll. In nur zwei Stunden bist du in London." Das wäre tatsächlich toll. Nur: Die zwei Stunden sind – wie wir wissen – lediglich die Flugzeit,
– als gäbe es die Ereignisse vor dem Abflug und nach der Landung nicht;
– als führe man nicht mindestens 45 Minuten, ehe man überhaupt einen Flughafen erreicht;
– als sollte man nicht mindestens eineinhalb Stunden vor Abflug da sein, um sich in die Warteschlange für den Check-In einreihen zu dürfen;
– als müsste man sich nicht durchleuchten lassen und dafür Uhr, Gürtel, mitunter sogar Schuhe ablegen, um die Sicherheitsgarde davon zu überzeugen, dass man nur der Erholung nach- und keinesfalls den Flieger in die Luft jagen will;
– als säße man dann nicht eingepfercht in Reihe 17, Sitz B (der in der Mitte, eh klar) und dächte an das Phänomen der Massenmenschhaltung (250 Passagiere teilen sich zwei Klos);
– als würde jeder Flieger tatsächlich zur angegebenen Zeit abheben;
– als gäbe es ringsum keine Stewardessen, die einem in Alu verschweißte Lebensmittel ernsthaft als Essen offenbaren wollten. Keine Kinder, die infolge Ohrendrucks unaufhörlich plärrten. Und keine Erwachsenen, denen es

niemals zu blöd wird, die Landung mit Applaus zu feiern und in der Sekunde des erloschenen Abschnallsignals aufzuspringen, um mit dem blitzschnell eroberten Handgepäck minutenlang im Gang herumzustehen, ehe zum Ausstieg gebeten wird. Und, zu guter Letzt:
– Als gäbe es keinen Lost&Found-Schalter, weil eh immer alle Koffer, und zwar stets unversehrt, ihren Weg auf das Förderband gefunden haben.
Beispiel Schiff: Das lasse ich jetzt links liegen. Denn allein die Vorstellung, ich müsste auf einem Kreuzfahrtdampfer zwischen Pool-Bingo, dem dumpfen Blick auf das immer gleich aussehende Meer und einem Abendessen, das sich *Captains-Dinner* nennt, lustwandeln, um mir meinen Landausflug zu verdienen, jagt mir Schauer über den Rücken. Reisen im Wasser sind lediglich genehm, wenn es sich um eine Fahrt im Elektroboot auf der Alten Donau handelt, an deren Ende die Belohnung in Form von Spareribs auf mich wartet.
Das war's. So viel zum Thema „Sind wir schon da?" Niemand hat für diese Frage mit dem immerzu flehenden Klang mehr Verständnis als ich.
Als ich diese zunehmend fehlende Leidenschaft für Transporte jeder Art unlängst im Kreis einiger Freunde erläuterte, bilanzierte doch tatsächlich eine von mir sonst sehr geschätzte Frau: „Wer nicht gern reist, lebt auch nicht gern. Denn das ganze Leben ist eine Reise."
Von dieser in höchstem Maße misslungenen Metapher

inspiriert, machte ich mir so meine Gedanken. Oberflächlich darüber, dass dem Begriff Reisen noch immer eine beinahe philosophische Romantik aus einer Zeit der Kutschen innewohnt. Reisen bilde, heißt es. Dabei bildet in unserer Zeit doch vielmehr das, wozu wir an unserem Zielort im Idealfall bereit sind. Während ich im Lauf der vielen Tage und Wochen, die ich in meinem Leben im Flugzeug verbracht habe, kaum mehr gelernt habe als oben Beschriebenes. Und auf diese Art der Bildung mag ich nicht stolz sein.

Genauer betrachtet sollte das Leben aber natürlich als Reise gesehen werden. Nur, so frage ich mich: Was ist das Ziel? Eine Familie? Eine Arbeit, die Spaß macht? Das Glück? Die Erleuchtung? Der Tod? Oder ein Hole-in-One? Also was? Bin ich schon da?

Nein, natürlich nicht. Andernfalls könnte ich ja gleich kundtun: Freunde, das war's, mein Dasein hätte ich erledigt.

Aber diese Frage, nämlich die nach dem Sinn des Lebens, ist nicht umsonst seit jeher Kernpunkt bei philosophischen Zirkeln, in Kirchen oder am Stammtisch. Und auf allen Zug-, Flugzeug- oder von mir aus Schiffsreisen zusammen könnte ich nicht die unzähligen Bücher lesen, die sich damit beschäftigen, woher wir kommen und wohin wir gehen.

Ergo mag ich es dabei belassen, dass ich gefühlsmäßig die halbe Strecke absolviert habe. Und wenn das Leben eine

Art Schnitzeljagd darstellt, dann habe ich bis dato schon zahlreiche wertvolle Schätze gesammelt. Ich habe meine Frau gefunden, die Vaterschaft entdeckt, die berufliche Leidenschaft aufgespürt und auch sonst allerlei Glückspunkte gutgeschrieben bekommen. Ein gelegentliches Stolpern gehört beim Hindernislauf der Zeit natürlich dazu, aber das nehme ich sportlich.
Jetzt gilt es noch, die gut versteckten Stationen der Weisheit, der Gelassenheit und der Zufriedenheit zu erreichen, und dann werde ich vielleicht doch irgendwann zu mir selbst sagen können: Ja. Ich bin da.
Und nach einer über zehnjährigen Golf-Karriere wäre im Übrigen auch ein Hole-in-One absolut überfällig.

ISBN 978-3-85485-264-3

styriabooks.at

Cover- und Buchgestaltung:
Bruno Wegscheider

Umschlagillustration:
Andrea Krizmanich

Lektorat und Herstellung:
Marion Mauthe

Druck und Bindung:
Duckerei Theiss GmbH,
St. Stefan im Lavanttal